Economia Digital e Regulação Tributária

2023

Layla Salles McClaskey

ALMEDINA

ECONOMIA DIGITAL E REGULAÇÃO TRIBUTÁRIA

Autora: Layla Salles McClaskey

Diretor Almedina Brasil: Rodrigo Mentz
Editora Jurídica: Manuella Santos de Castro
Editor de Desenvolvimento: Aurélio Cesar Nogueira
Assistentes Editoriais: Letícia Gabriella Batista e Tacila da Silva Souza
Estagiária de Produção: Natasha Oliveira

Diagramação: Almedina
Design de Capa: FBA

ISBN: 9786556279695
Novembro, 2023

Dados Internacionais de Catalogação na Publicação (CIP)
(Câmara Brasileira do Livro, SP, Brasil)

McClaskey, Layla Salles
Economia digital e regulação tributária / Layla Salles McClaskey. – São Paulo : Almedina, 2023.

ISBN 978-65-5627-969-5

1. Direito digital 2. Direito econômico 3. Direito tributário 4. Economia digital I. Título.

23-169382 CDU-34:336.2(81)

Índices para catálogo sistemático:

1. Brasil : Direito tributário 34:336.2(81)

Eliane de Freitas Leite – Bibliotecária – CRB 8/8415

Este livro segue as regras do novo Acordo Ortográfico da Língua Portuguesa (1990).

Editora: Almedina Brasil
Rua José Maria Lisboa, 860, Conj. 131 e 132, Jardim Paulista | 01423-001 São Paulo | Brasil
www.almedina.com.br

SUMÁRIO

INTRODUÇÃO

Apesar das inúmeras interpretações da literatura sobre as causas e contornos das mudanças identificadas na vida da sociedade contemporânea, como a leitura de viés tecnológico[1], em que as explicações para a era da informação restam atreladas a tecnologias como os automóveis não tripulados, os veículos aéreos não tripulados, a robótica aplicada ao processamento de dados, a infraestrutura digital atrelada aos distintos serviços, resta uníssona a constatação de alteração da sociedade (e da economia) nos moldes informacional e digital[2].

Destarte, por meio da identificação da assunção de um novo papel de centralismo pela informação no seio do que se denominada de sociedade da informação[3] e dos correlatos efeitos a título de alteração do comportamento dos agentes sociais e econômicos, a literatura faz menção à deflagração de teor continuado ou disruptivo[4-5] de inovadores arquétipos

[1] CHRISTENSEN, Clayton M. **O Dilema da Inovação: quando as novas tecnologias levam empresas ao fracasso.** São Paulo: M. Brooks. 2012, p. 25.

[2] SCHWAB, Klaus. **The Fourth Industrial Revolution**. New York, N.Y.: Crown Business, 2017, p. 28.

[3] WEBSTER, Frank. **Theories of the information society**. London: Routledge, 2003, p. 8.

[4] Thomas Khun, trata da questão da ciência normal consistir em atividade praticada com base no pressuposto de que a comunidade cientifica conhece o mundo, entendendo que apesar da arbitrariedade vá preponderar, a novidade eventualmente vai subverter a pesquisa por conta da própria natureza da pesquisa, sendo que as revoluções cientificas consistem em eventos extraordinários que vão alterar o compromisso profissional, desintegrando a tradição à qual a ciência normal está atrelada. KHUN, Thomas. **A estrutura das revoluções científicas**. São Paulo: Perspectiva, 2005, pp. 24-25.

[5] SCHUMPETER, Joseph. **Capitalismo, socialismo e democracia**. Rio de Janeiro: Fundo de Cultura, 1961, p. 110.

tecnológicos e de novas possibilidades de interação humana, como se observa no contexto das plataformas digitais, e do que parte da doutrina admite como economia digital.

Com relação à economia digital, portanto, conforme será analisado, não obstante a diversidade de conceituações pela literatura, a se dar pelo reconhecimento de novo papel dos agentes econômicos, do uso difundido da tecnologia da informação, da digitalização de insumos e da globalização, percebe-se como sua grande marca uma lógica digital, com alta velocidade de câmbio e caráter global, e também a preponderância de mercados multilaterais.

Com base nesse cenário atinente às distintas nações e conjunturas econômicas, nota-se com naturalidade que, nos dias de hoje, estabelecimentos comerciais físicos passam a dar lugar a *sites* de compras, o comércio de contratação presencial ao comércio eletrônico e aos contratos inteligentes[6] e o atendimento ao consumidor por telefone ao atendimento por robô. Tudo isso por meio da rede mundial de computadores e *softwares* de diversos lugares do mundo, enxergando-se a economia como apoiada na *internet* e em arquétipos digitais.

Quanto às plataformas digitais, mercados de comunidade, economia compartilhada ou de aplicativos, conforme se prefira denominar, considerando a correspondente popularização atrelada aos aspectos de centralidade da informação, de processos mais simples e de distintas possibilidades de exercício de novas formas de propriedade da informação, inúmeros serão os desafios trazidos a todos os envolvidos para fins de tomadas de decisão, incluindo-se as de natureza jurídica, pelos distintos governos das nações do mundo.

Nesse sentido, tendo-se como premissa a noção do Direito como sistema social com interdependência causal com outros sistemas e ambientes, é inevitável que se suponha a deflagração de um impacto por um cenário tecnológico tão diferenciado daquele atinente à realidade

[6] Quanto à definição de contratos inteligentes, Max Raskin afirma que: "Contratos inteligentes são definidos como acordos em que a execução é automatizada, geralmente por computadores. Esses contratos são projetados para garantir desempenho sem recurso aos tribunais. A automação garante o desempenho, para o bem ou para o mal, extirpando a discrição humana da execução do contrato". Tradução livre. RASKIN, Max. **The Law and Legality of Smart Contracts.** Georgetown Law Technology Review, 2016, p. 306. Disponível em: https://ssrn.com/ abstract =2959166. Acesso em 20 de fevereiro de 2021.

industrial pré-existente no mundo sobre as escolhas feitas nos distintos ordenamentos jurídicos, mormente se considerado o novo formato de governança pública no que se convencionou chamar de Estado Regulador[7].

Destarte, observa-se que a configuração desse quadro socioeconômico alinhado com uma nova realidade no que diz respeito ao uso de dados (principalmente pessoais) e modelos de negócios multifacetados e marcado por uma intangibilização dos meios de produção[8] acaba por demandar alterações no cerne das instituições de Direito, mas sem que se ofereça maiores substratos ou parâmetros acerca do que se percebe como apropriado no sentido de quando, por que e até onde regular[9].

No tópico do Direito Tributário, paira no ar a sensação de que o sistema tributário das distintas nações muitas vezes não se compatibiliza com os novos paradigmas do ambiente econômico digitalizado, apresentando dificuldades para captar os novos fatos econômicos e para promover uma regulação apropriada de algumas das principais atividades privadas em curso, como é o caso do serviço de transporte prestado por aplicativos no Brasil, protagonista na atual conjuntura por muitos denominada de economia de plataformas[10].

[7] Conforme Giandomenico Majone, a assunção de novo papel pelo Estado no Estado Regulador seria evidenciado por um maior enfoque estatal no contorno das falhas de mercado em detrimento de uma atuação centrada na estabilização macroeconomia ou redistributiva, substituindo-se, portanto, a tributação por instrumentos de formulação de regras para fins de interferência no mercado. MAJONE, Giandomenico. Do Estado positivo ao Estado regulador. *In*: MATTOS, Paulo Todescan (Coord.). **Regulação Econômica e Democracia: o debate europeu.** São Paulo: RT, 2017, p. 15.

[8] ORGANIZAÇÃO PARA A COOPERAÇÃO E DESENVOLVIMENTO ECONÔMICO (OCDE). **Tax challenges raised by digitalisation.** Relatório. Paris: OECD, 2015. Disponível em: https://www.oecd.org/tax/beps/beps-actions/action1/. Acesso em: 19 de fevereiro de 2020.

[9] Conforme será abordado a seguir, a doutrina conceitua regulação de diferentes maneiras, de forma que, de uma maneira geral, a atividade regulatória pode ser entendida como um modo identificável e discreto da atividade governamental. BALDWIN, Robert; CAVE, Martin; LODGE, Martin. **Understanding Regulation: theory, strategy and practice.** Oxford: OUP, 2013, p. 2.

[10] COHEN, Julie. **Law for the plataform economy.** UC. Davis Law Review, 2017, pp. 1-2. Disponível em: https://papers.ssrn.com/sol3/papers.cfm?abstract_id=2991261. Acesso em: 15 de janeiro de 2021.

Cientes da relação entre a tributação e a geração de riqueza e dos desafios frente o legislador tributário, a Organização de Cooperação e Desenvolvimento Econômico (OCDE) e o Grupo dos Vinte (G-20) promovem discussões sobre medidas aos impasses a título de tributação internacional pela Ação 1, do Projeto *Base Erosion and Profits Shifiting* (BEPS), que trata da erosão da base fiscal e da redistribuição de direitos tributários que se dá num mundo em que as empresas conduzem as atividades sem uma necessária presença física[11].

Assim, visando o ajuste do sistema tributário ao novo estado da arte da economia digital e a mitigação dos problemas da aparente inadequação do que se conceitua como regulação tributária dos negócios digitais, alguns países vêm dando ensejo a modelos que variam de impostos específicos sobre serviços digitais (como países como a França, Itália e Reino Unido) a medidas que afetam o ambiente econômico como parte de um conjunto de empresas multinacionais, o que parece não ocorrer no território nacional brasileiro[12].

Quanto ao Brasil, constata-se que o interesse político na redução da histórica complexidade da tributação desvia os debates para a substituição de espécies tributárias por tributo único no bojo de uma reforma tributária[13], deixando-se de lado as discussões do cenário internacional

[11] ORGANIZAÇÃO PARA A COOPERAÇÃO E DESENVOLVIMENTO ECONÔMICO (OCDE). **Tax challenges raised by digitalisation.** Relatório. Paris: OECD, 2015. Disponível em: https://www.oecd.org /tax/beps/beps-actions/action1/. Acesso em: 19 de fevereiro de 2020.

[12] No Canadá, por exemplo, nota-se o ajuste da hipótese de incidência dos impostos cobrados sobre bens e serviços, o GST *(goods and services tax)* e o HST *(harmonized sales tax),* para fins de inclusão de bens intangíveis e serviços digitais. MORNEAU, William Francis. **Explanatory notes relating to the excise tax act.** Canada: Government of Canada, 2019. Disponível em: https://fin.canada.ca/drleg-apl/2019/gst-hst-tps-tvh-n-eng.html. Acesso em 25 de julho de 2020.

[13] O debate sobre a simplificação do sistema tributário no âmbito da reforma tributária se dá mormente por meio de duas propostas legislativas, a proposta do Senado Federal (PEC 110/2019) e da Câmara dos Deputados (PEC 45/2019), ambas tratando da condensação de alguns dos tributos existentes no país em um único imposto, o Imposto sobre Bens e Serviços (IBS). CALGARO, Fernanda. **Reforma Tributária: Entenda as propostas em discussão no congresso.** Brasília: Globo, 2019. Disponível em: https://g1.globo.com/politica/noticia /2019 /09/ 02/reforma-tributaria-entenda-as-propostas-em-discussao-no-congresso.ghtml. Acesso em 25 de junho de 2020.

sobre a normatização tributária das atividades econômicas digitais e que demandam imediata atenção, até mesmo se considerada a proposta de racionalização das normas como instrumentos de políticas públicas nos termos de Declaração da Liberdade Econômica de 2019[14].

Entendendo-se que o ingresso das novas tecnologias e a assunção de novo papel de centralismo da informação na sociedade contemporânea promove a reformulação dos modelos de negócios no mundo e dificulta a aplicação das normas tributárias ora existentes, a percepção de receita pública fiscal e o fomento das novas atividades da era da economia digital[15], mister se avalie com urgência o atual panorama do sistema tributário brasileiro e as demandas de ajuste da regulação promovida por este às propriedades identificadas dessa nova realidade digital.

Tendo isso em mente, por meio de estudo de caso das normas tributárias incidentes sobre um dos grandes protagonistas da economia digital no país, qual seja, o serviço de transporte privativo por aplicativo, o presente trabalho pretende averiguar se o atual ordenamento jurídico-tributário brasileiro é capaz de oferecer respostas regulatórias apropriadas no que diz respeito à tributação incidente sobre a renda, o consumo e o patrimônio das atividades econômicas no cenário da economia digital.

Com base em acepção da regulação tributária centrada nos efeitos de neutralidade frente a economia, será feito cotejo da produção

[14] Lei nº 13.874/19, de 20 de setembro de 2016. Disponível em: http://www.planalto.gov.br/ ccivil_03/_ato2019-2022/20 19/lei/L13874.htm. Acesso em 12 de novembro de 2019.

[15] Conforme dispõe a OCDE acerca dos desafios impostos pelas nuances da economia digital quanto à tributação internacional: "Isso levanta questões fundamentais sobre como as empresas na economia digital adicionam valorizar e lucram, e como a economia digital se relaciona com os conceitos de origem e residência ou a caracterização de rendimentos para efeitos fiscais. Ao mesmo tempo, o fato que novas formas de fazer negócios podem resultar em uma realocação das principais funções de negócios e, consequentemente, uma distribuição diferente de direitos tributários que pode levar a uma tributação baixa não é per se um indicador de defeitos no sistema existente. É importante examinar de perto como empresas da economia digital agregam valor e obtêm lucros para determinar se e em que medida pode ser necessário adaptar as regras atuais a fim de levar em conta considerar as características específicas dessa indústria e prevenir a erosão da base fiscal". Tradução livre. ORGANIZAÇÃO PARA A COOPERAÇÃO E DESENVOLVIMENTO ECONÔMICO (OCDE). **Tax challenges raised by digitalisation.** Relatório. Paris: OECD, 2015. Disponível em: https://www.oecd.org /tax/ beps/beps-actions/actio n1/. Acesso em: 19 de fevereiro de 2020.

normativa-tributária pela União, pelos estados, pelo Distrito Federal e pelos municípios sobre os serviços de transporte por aplicativo desde o seu ingresso no mercado de transportes brasileiro com as premissas da doutrina do ótimo, propondo-se ajustes ao modelo regulatório implementado sobre esse serviço para a sua conformação com os objetivos de incentivo à criação de valor e à geração de riqueza no mercado consumidor brasileiro.

Do ponto de vista científico, a pesquisa empírica realizada pela busca dos termos "transporte por aplicativo", "*Uber*", "transporte individual de passageiros" e "transporte remunerado privado individual de passageiros" nos endereços eletrônicos das Secretarias Municipais, das Câmaras dos Vereadores, da Câmara Legislativa do Distrito Federal e dos Tribunais Administrativos de Recursos Tributários, justifica-se pela falta de produção bibliográfica sobre as atividades da economia digital e a concepção de regulação tributária, investigando-se as causas e soluções para a regulação tributária das novas atividades econômicas que surgem na economia digital.

Destarte, com base no aludido intuito, o presente trabalho resta dividido em 4 (quatro) capítulos e 1 (uma) conclusão, em que, por meio dos 3 (três) primeiros capítulos é realizada revisão bibliográfica dos conceitos centrais da economia digital, dos serviços de transporte por aplicativo, da teoria do ótimo da tributação e da regulação tributária, restando ao quarto capítulo a proposta de estudo de caso da regulação tributária do serviço de transporte por aplicativo no Brasil.

Assim, o primeiro capítulo descreve o cenário da economia digital partindo da sua correspondente evolução, características e impactos no que diz respeito ao Direito e à atuação regulatória pelo Estado, tanto nacional como internacionalmente. O capítulo também se dedica a apresentar a atividade específica do serviço de transporte por aplicativo, um dos primeiros e mais consolidados serviços do contexto da economia das plataformas no Brasil e no mundo.

No segundo capítulo, a partir da observância da atuação regulatória dos Estados no atual Estado fiscal democrático e da correlata busca pelo incremento de racionalidade da produção normativa no Brasil, o conceito de regulação tributária é apresentado como elemento central para fins de alcance dos propósitos dispostos pelo legislador constituinte por meio da tributação dos fatos econômicos, de maneira a ter como premissa a neutralidade fiscal.

Com relação ao terceiro capítulo, o trabalho se propõe a descrever os estudos realizados pela literatura da Economia responsável por desenvolver a teoria do ótimo da tributação e que, apesar das distintas perspectivas, vão abordar os cânones ou premissas que o autor britânico Adam Smith trata na sua obra *A Riqueza das Nações*[16] para o alcance de uma tributação capaz de bem equilibrar justiça social e eficiência econômica, de forma que a neutralidade fiscal resta enquadrada como propósito da regulação tributária no Brasil.

No que diz respeito ao quarto capítulo, por meio de estudo de caso da produção normativa realizada no Brasil com relação ao serviço de transporte por aplicativo e observada com base na pesquisa realizada nos endereços eletrônicos da União, dos estados, do Distrito Federal e dos municípios, a proposta é de se responder o problema de pesquisa correlacionando-se o citado panorama legislativo com os parâmetros acima mencionados da teoria do ótimo da tributação de acordo com a literatura nacional e internacional que trata da tributação da economia digital.

Dessa maneira, após o cotejo das normas editadas pela União, pelos estados, pelo Distrito Federal e pelos municípios quanto à referida atividade econômica e os cânones da tributação do ótimo são apresentadas as críticas ao que se configurou como modelo regulatório-tributário aplicado ao serviço de transporte por aplicativo, demonstrando-se, com isso, recomendações de melhorias no que diz respeito às espécies tributárias, e à forma de controle dos efeitos produzidos pela tributação com relação às atividades econômicas no Brasil.

Tal como restará exposto a seguir, em face da relação entre a tributação e a produção de riqueza pelo incentivo das atividades econômicas, o presente trabalho se verifica como relevante por trazer à lume ademais da questão do conceito de regulação tributária e, com isso, dos necessários parâmetros de equilíbrio entre a tributação e o mercado, a problemática da interação das normas tributárias com as diretrizes da nova era que se desdobra nos âmbitos sociais e econômicos e que, para fins de respeito às diretrizes constitucionais de incentivo à produção de riqueza e incentivo às atividades econômicas, demandam atenção urgente.

[16] SMITH, Adam; CAMPBELL, Roy H.; SKINNER; Andrew S. **An Inquiry into the nature and causes of the wealth of nations.** Volume II. Liberty Fund Inc., 1984, pp. 825-826.

1.
A ECONOMIA DIGITAL

De forma que se entenda o cenário da economia digital, essencial tratar das mudanças ocorridas quanto à sociedade da informação e os correspondentes impactos no ambiente econômico e na sua própria interação com o Direito, tanto nacional como internacionalmente. Até para que se possa observar as características da economia das plataformas digitais, conjuntura de que faz parte a atividade do serviço de transporte por aplicativo, um dos primeiros e mais consolidados serviços do contexto da digitalização da economia no Brasil e no mundo.

1.1. A Sociedade da Informação

Muito embora até mesmo os mais céticos acadêmicos sejam uníssonos quanto ao reconhecimento das mudanças ocorridas na concepção que se tem de sociedade nos dias de hoje, o mesmo não ocorre no que diz respeito aos contornos da conformação social conceituada como sociedade da informação ou era da informação e que, conforme será visto, resta conformada em torno da compreensão da informação como um atributo distintivo e central[17].

De acordo com Frank Webster, apesar dos debates sobre a hipótese do destaque da informação representar inovação ou continuidade das práticas sociais concentre boa parte da atenção da literatura sobre o

[17] WEBSTER, Frank. **Theories of the information society**. London: Routledge, 2003, p. 2.

assunto, fundamental a observância da perspectiva de que o acréscimo na quantidade de dados disponíveis e o correspondente protagonismo nas práticas sociais e, consequentemente, econômicas se configura como elemento fundamental para a transição de um capitalismo industrial a um sistema informacional[18-19].

Ademais de uma conformação de ampla gama de definições na literatura consubstanciada nos mais distintos ângulos econômicos, tecnológicos, sociais, culturais, ocupacionais, espaciais ou pela leitura da passagem à sociedade da informação como atrelada à mudança na qualidade da informação disponível, é possível que se enxergue a sociedade da informação como a conjuntura na qual o elevado acréscimo na disponibilidade, processamento e uso da informação faz com que esta se estabeleça como fator indispensável na vida moderna[20].

Dito isso, reconhecendo-se a relevância de cada um dos vieses conferidos pela literatura ao referido contexto quando da tentativa de estabelecimento das respectivas características, convém mencionar, primeiramente, a abordagem feita na década de 70 por Daniel Bell acerca do que denominou de sociedade pós-industrial, e que consistiu numa das primeiras menções doutrinárias ao assunto[21].

Destarte, a partir da perspectiva de que o eixo principal da sociedade a emergir se trata do conhecimento teórico e que os serviços nele baseados seriam convertidos na estrutura central de novas sociedades e economias, Daniel Bell aplica uma visão utilitarista do conhecimento para pontuar a

[18] Para o conceito de informação usualmente aplicado na sociedade da informação, qual seja, como um conhecimento comunicado, observa-se a correspondente popularização depois da segunda guerra mundial em decorrência do uso generalizado de computadores, tal como retratam os autores Rafael Capurro e Birger Hjorland. CAPURRO, Rafael; HJORLAND, Birger. **The Concept of Information.** Annual Review of Information Science and Technology, Ed. B. Cronin, 2003, pp. 343–411.

[19] Segundo Schumpeter, a destruição criativa ou criadora diz respeito aos processos de mudança (destruição e criação) que ocorrem no capitalismo e que são inerentes ao capitalismo para fins de promoção de progresso econômico. SCHUMPETER, Joseph. **Capitalismo, socialismo e democracia.** Rio de Janeiro: Fundo de Cultura, 1961, p.110.

[20] WEBSTER, Frank. **Theories of the information society**. London: Routledge, 2003, p. 8.

[21] BELL, Daniel. **The coming of postindustrial society: a venture in social forecasting.** New York: Basic Books, 1973, p. 183.

transformação do conhecimento teórico em tecnologia social, nesse novo tipo de sociedade que vai ter a informação como seu principal sustento[22].

Com base em percepção de viés social, Yochai Benkler trata do papel que as mudanças na tecnologia[23], na organização econômica e nas práticas sociais de produção têm no que diz respeito à conformação de um novo tipo de sociedade ou de um ambiente informacional marcado por uma maior liberdade de produção, de troca de informações, conhecimento e de cultura, por indivíduos sozinhos ou por esforços cooperativos diferenciados[24].

De tal forma, tendo-se em mente que a percepção sobre a alteração do papel dos indivíduos no âmbito dessa era informacional vai ser crucial para um melhor entendimento sobre o que se verá no futuro sobre a economia das plataformas, não menos importantes consistem as considerações de viés tecnológico e econômico e que vão abordar com propriedade as origens dessa sociedade da informação, tal como ocorre com a teoria desenvolvida por James Beniger acerca do que denomina de revolução do controle[25-26].

[22] Id.

[23] Nos termos do item especifico que trata do conceito de tecnologia no estudo promovido pela United Nations University Press, nota-se a existência de diversas conceituações para a tecnologia, sendo uma mais ampla relativa a "aos aspectos da cultura que se relacionam com a manipulação do ambiente natural pelo homem", mas que não se verifica como a escolhida na publicação pela sua amplitude, de maneira a se optar pela diferenciação de tecnologia em conformidade com três possibilidades: a primeira pertinente à era industrial e que trata de objetos construídos pelo homem, a segunda que trata de um *know-how* ou da congregação das atividades humanas com a utilização de artefatos e, por fim, a um conjunto de conhecimentos essenciais para a promoção de novidades em termos de regras e procedimentos para resolução de distintos problemas, ou seja, uma teoria da aplicação. UNITED NATIONS. **The Impact of Technology on Human Rights: Global Case-studies**. United Nations University Press, 1993. Disponível em: https://archive.unu.edu/unupress/unupbooks/uu08ie/uu08ie04.ht m. Acesso em 14 de janeiro de 2021.

[24] BENKLER, Yochai. **The Wealth of Networks: How Social Production Transforms Markets and Freedom.** New York: Yale University Press, 2006, p. 2. Disponível em: http://www.benkler.org/Benkler_W ealth_Of_Networks. pdf.

[25] BENIGER, James R. **The Control Revolution: Technological and Economic Origins of The Information Society**. Cambridge: Harvard University Press, 1986, p. 6.

[26] "A resposta, como vimos, é a Revolução do Controle, um complexo de mudanças rápidas nos ângulos tecnológicos e econômicos pelos quais a informação é coletada, armazenada, processada e comunicada e por meio da qual decisões formais ou programadas podem afetar

Conforme afirma o citado autor, considerando que a aplicação gradual de tecnologia nos instrumentos de produção industriais sem o equivalente acréscimo na exploração de dados ou nos investimentos com o monitoramento dos referidos processos acabou por trazer problemas como os destroços de trens, extravio de vagões, perda de cargas e a incapacidade de manter altas taxas de estoque, o enfoque dado na era industrial à absorção de energia passou aos correspondentes aspectos informacionais[27].

Dessa maneira, originando-se da aplicação de novas tecnologias na produção de riqueza, é possível que se perceba a configuração de ambiente de valorização da informação e de seu processamento também vai ocorrer nos demais campos da vida social de maneira a se configurar o que se denomina como Revolução do Controle e que vai ter como objeto as alterações havidas na esfera social decorrentes de novas formas de manejo da informação no que se admite como sociedade da informação.

Além disso, convém ressaltar a abordagem feita por Klaus Schwab e que tem apoio na ocorrência de uma revolução tecnológica, sem precedentes, com capacidade para mudar completamente desde os processos produtivos aos mais distintos campos da vida humana na sociedade contemporânea, a Quarta Revolução Industrial ou Indústria 4.0, caracterizando-se por uma internet com mobilidade mais avançada, por sensores de tamanho reduzido, maior potência e menor preço, e pela inteligência artificial[28].

Para o autor, portanto, as "ondas" de inovações concatenadas em consecutivas revoluções industriais, tais como as estradas de rodagem e as máquinas a vapor, a industrialização, o desenvolvimento da computação e, por último, a convergência de tecnologias digitais, físicas e biológicas consistem em fatores para as mudanças ocorridas nos paradigmas da realidade física ou virtual pré-existentes que se desdobram na atualidade[29].

o controle social. Desde suas origens nas últimas décadas do século XIX, a Revolução do Controle continuou inabalável até os dias de hoje e recentemente se acelerou com o desenvolvimento de tecnologias de microprocessamento". Tradução livre. BENIGER, James R. **The Control Revolution: Technological and Economic Origins of The Information Society.** Cambridge: Harvard University Press, 1986, p. 426.

[27] Ibid., p. 10.

[28] SCHWAB, Klaus. **The Fourth Industrial Revolution.** New York, N.Y.: Crown Business, 2017, p. 7.

[29] Em seu artigo, as autoras Patricia e Clara fazem menção ao desdobramento da existência nas formas de virtualidade, realidade, possibilidade e atualidade. No presente trabalho, entretanto,

Sob a alcunha de uma Quarta Revolução Industrial ou de Indústria 4.0, Klaus Schwab afirma ocorrer revolução industrial completamente diferente a título de velocidade, amplitude e profundidade, em que o fenômeno das aplicações de tecnologia ocorridas desde a energia a vapor e o correlato fenômeno de junção de inovações digitais, físicas e biológicas e a revolução nas cadeias de produção de riqueza criam um mundo no qual sistemas virtuais e físicos cooperam globalmente, alterando-se os mais distintos setores da vida humana[30].

Reconhecendo-se a relevância de cada uma dessas teorias para o maior conhecimento da sociedade da informação e dos fenômenos de aumento de volume informacional, assunção de protagonismo dos dados, amplo uso da conexão em rede pela internet, barateamento de processos e das novas possibilidades de participação e de exercício de propriedade de dados pelos agentes sociais e econômicos, passa-se à análise das alterações ocorridas nas relações econômicas no referido ambiente informacional e digitalizado da sociedade da informação[31].

1.2. A Economia Digital

Tal como se deu quanto à definição de conceito e das propriedades dessa nova realidade social resultante de mudanças ocorridas a título de digitalização e da assunção de um novo papel pela informação, muito são os debates na literatura sobre o significado da economia digital, os seus parâmetros e os desafios trazidos ao Direito.

será aplicada a interpretação da existência da realidade sob perspectiva dicotômica física e virtual. BAPTISTA, Patrícia; KELLER, Clara I. **Por que, quando e como regular as novas tecnologias? Os desafios trazidos pelas inovações disruptivas.** Rio de Janeiro: Revista de Direito Administrativo, 2016. Disponível em: http://bibliotecadigital.fgv.br/ojs/index.php/rda/article/view/66659. Acesso em: 20 de junho de 2020.

[30] SCHWAB, Klaus. **The Fourth Industrial Revolution.** New York, N.Y.: Crown Business, 2017, pp. 7-8.

[31] Conforme o dicionário Michaelis, o conceito aceito para digitalização no que diz respeito à informática consiste em "processo pelo qual dados analógicos são digitalizados". 2021. **MICHAELIS** moderno **dicionário** da língua portuguesa. São Paulo: Melhoramentos. Disponível em: https://michaelis.uol.com.br/moderno-portugues/busca/portugues-brasileiro/digitalizacao/. Acesso em 15 de janeiro de 2021.

1.2.1. O Conceito de Economia Digital

Convém mencionar que a ausência de um entendimento pacífico na literatura com relação ao conceito de sociedade da informação também se dá no que tange à definição de economia digital, de forma que tais debates também acabam se dirigindo à natureza de continuidade das práticas já existentes no mercado ou da destruição de paradigmas pelo ingresso dos novos métodos observados como atinentes ao que se pretende definir como economia digital, discussão esta que acaba por não ser o foco deste trabalho[32].

Em vias de se alcançar uma concepção de economia digital, entende-se no presente trabalho como fundamental a compreensão de que as nuances do contexto da sociedade da informação acabaram por refletir nos mais distintos setores da vida humana, relacionando-se, dessa maneira, com as mudanças ocorridas ao longo dos últimos séculos no ambiente econômico internacional em virtude da transição de uma realidade de mercado tangível a uma conjuntura de negócios imaterial ou despersonalizada[33].

Conforme a linha de pensamento desconstrutivista de Klaus Schwab sobre a deflagração de uma Quarta Revolução Industrial ou Indústria 4.0, nota-se o entendimento de que o uso intensivo da tecnologia da informação, da internet e de inventos tecnológicos tidos como disruptivos nos processos produtivos[34] é capaz de proporcionar mudanças nos paradigmas econômicos de viés tangível e regional por lógica de caráter globalizado, imaterial e de altíssima velocidade de câmbio[35], impactando de forma nunca antes vista as relações econômicas.

[32] A título de exemplo, os autores Didier Bonnet e George Westerman definem a economia digital através do seu caráter de continuação de processos, nos seguintes termos: "A economia digital não é (apenas) uma era de modelos de negócios novos ou revolucionários, mas representa a evolução dos modelos, produtos e serviços de negócios existentes". Tradução livre. BONNET, Didier; WESTERMANN. George. **The best digital business models put evolution before revolution.** Boston: Harvard Business Review, 2015. Disponível em: https://hbr.org/2015/01/t he-best-digital-business-models-put-evolution-before-revolution. Acesso em: 30 de dezembro de 2020.

[33] SCHWAB, Klaus. **The Fourth Industrial Revolution.** New York, N.Y.: Crown Business, 2017, p. 9.

[34] CHRISTENSEN, Clayton M. **O Dilema da Inovação: quando as novas tecnologias levam empresas ao fracasso.** São Paulo: M. Brooks, 2012, p. 25.

[35] SCHWAB, Klaus. **The Fourth Industrial Revolution.** New York, N.Y.: Crown Business, 2017, p. 3.

Nesse sentido, tendo em vista as inúmeras demandas do mercado em matéria concorrencial e tributária, por exemplo, ressalta-se que a Organização para a Cooperação e Desenvolvimento Econômico (OCDE) não só vem reconhecendo a referida realidade, justificando-a pelo ingresso de dispositivos como os *softwares* e *hardwares* e na digitalização dos negócios, como também vem buscando ao longo dos últimos anos estabelecer parâmetros para o que supõe ser a economia digital.

Para a OCDE, como parte do avanço da digitalização na vida humana, o *hardware* e o *software* passam a ser entendidos como a espinha dorsal da economia, o que é atestado por meio do aumento da influência das tecnologias de informação na economia, da condução do comércio por meios eletrônicos, da dependência dos estabelecimentos comerciais de estruturas eletrônicas e de nova preferência dos negócios por soluções eletrônicas para fins de alocação de recursos financeiros e humanos[36].

Contudo, considerando a evidente complexidade do assunto e as dificuldades de entendimento e de previsão dos contornos dessa nova configuração econômica digital, verifica-se que a OCDE acabou por só recentemente referendar uma definição de economia digital no relatório elaborado para a força-tarefa de economia digital do G20, fazendo-o, no ano de 2019, nos seguintes termos:

> A economia digital incorpora todas as atividades econômicas que dependem ou são significativamente aprimoradas pelo uso de insumos digitais, incluindo tecnologias digitais, infraestrutura digital, serviços digitais e dados. Refere-se a todos os produtores e consumidores, incluindo o governo, que estão utilizando esses insumos digitais em suas atividades econômicas[37].

[36] ORGANIZAÇÃO PARA A COOPERAÇÃO E DESENVOLVIMENTO ECONÔMICO (OCDE). **Hearings: The Digital Economy 2012**. Paris: OCDE, 2019. Disponível em: http://www.oecd.org/daf/ competition/The-Digital-Economy-2012.pdf. Acesso em: 19 de fevereiro de 2020.

[37] Tradução livre. ORGANIZAÇÃO PARA A COOPERAÇÃO E DESENVOLVIMENTO ECONÔMICO (OCDE). Report for the G20 Digital Economy Task Force: **A roadmap toward a common framework for measuring the Digital Economy**. Arábia Saudita: OCDE, 2020, p. 5. Disponível em: http://www.oecd.org/sti/ roadmap-toward-a-common-framework-for-measuring-the-digital-economy.pdf. Acesso em: 13 de outubro de 2020.

Assim, embora essa conceituação possa ser vista num primeiro olhar como ampla e de fácil compreensão, importante ressaltar que no mesmo relatório em que elaborou a referida definição de economia digital, a OCDE menciona a necessidade da leitura de tal conceito de acordo com o que chama de camadas, salientando a importância do referido procedimento para o apropriado estabelecimento de políticas públicas envolvendo o assunto pelas diferentes nações do mundo.

Enxergando-se que a sofisticada interpretação do conceito de economia digital em 5 (cinco) dimensões evidencia a complexidade dessa conjuntura, nota-se que tal proceder reflete o intuito de abordagem da economia digital em sua integralidade, bem como se dá com a camada que trata como integrantes da sociedade ou da economia digital os agentes das interações e atividades digitais sem valoração econômica, reforçando o reconhecimento da concessão de uma maior liberdade aos indivíduos nesse novo contexto econômico[38].

Identificando-se, com base nesse conceito da OCDE, que as novas possibilidades de exercício de propriedade (da informação) pelos agentes econômicos nas relações econômicas consiste em traço essencial da era digital, assim como a digitalização de insumos, convém mencionar as características antes identificadas por Manuel Castells sobre as mudanças ocorridas na economia por conta da revolução da tecnologia da informação, a saber: i. Interdependência global; e ii. Nova forma de relação entre a economia, o Estado e a sociedade[39].

Nesse sentido, ressalta-se a caracterização da economia digital feita pelos autores Robert Atkinson e Andrew McKay por meio de perspectiva ocupacional da economia digital pelos indivíduos, de forma a se enxergar o aludido ambiente econômico por meio do uso generalizado de TI, como *hardware*, *software*, aplicativos e telecomunicações em todos os aspectos da economia, incluindo-se, segundo os autores, as operações internas das organizações e a própria interação entre os indivíduos que passam atuar como consumidores, cidadãos, e organizações[40].

38 Id.

39 CASTELLS, Manuel. **A sociedade em rede – a era da informação: economia, sociedade e cultura**. São Paulo: Paz e Terra, 2009, p. 21.

40 ATKINSON, Robert D.; McKAY, Andrew S. **Digital Prosperity: Understanding the Economic Benefits of the Information Technology Revolution.** Washington: Information,

Apesar da fácil percepção das variadas definições feitas pela literatura acerca de economia digital, com base nos elementos dessas perspectivas sobre um novo papel dos agentes econômicos, o uso difundido da tecnologia da informação, a digitalização de insumos e a interdependência global, passa-se à análise da economia das plataformas digitais, que por serem tidas como protagonistas da era digital auxiliam na melhor compreensão dos contornos desse cenário, contribuindo para o tratamento das complexas questões a ela atreladas.

1.2.2. A Economia das Plataformas Digitais

No trabalho *The Rise of the Plataform Economy*, os autores Martin Kenney e John Zysman destacam a importância de algumas tecnologias-chave, a exemplo do processamento em nuvem, para o surgimento das grandes empresas de tecnologia amplamente denominadas de *big techs,* como a *Amazon,* o *Google* e o *Facebook* e que são capazes de promover a reestruturação das mais diversas áreas da economia, ademais daquela atinente à prestação de serviços[41].

Nesse sentido, na obra *The Emerging Platform Economy Series,* de janeiro de 2016, especificamente no *global survey* denominado *The Rise of the Plataform Enterprise,* os autores Peter C. Evans e Annabelle Gawer tratam do aspecto disruptivo das plataformas digitais com relação aos mais variados e tradicionais setores da economia, como é o caso do setor bancário, fazendo alusão à existência de dois tipos diferentes dessas estruturas digitais no quesito da forma de criação de valor, quais sejam, as plataformas de transação e de inovação[42].

Assim, no que diz respeito aos arquétipos digitais enquadrados como plataformas de transação, os referidos autores descrevem que se tratam

Technology and Innovation Foundation, 2007. Disponível em: https://ssrn.com/abstract=1004516 or http://dx.doi .org/10.2139/ss rn.1004516. Acesso em 10 de maio de 2020.

[41] KENNEY, Martin; ZYSMAN, John. **The rise of the plataform economy**. *In*: Issues in science and technology, 2016. Disponível em: https://www.nbp.pl/badania/seminaria/25x2016_2.pdf. Acesso em 13 de outubro de 2020.

[42] EVANS, Peter C., GAWER, Annabelle. **The Emerging Platform Economy Series: The Rise of the Plataform Enterprise Global Survey**, 2016. Disponível em: https://www.thecge.net/app/uploads/ 2016/01/PDF-WEB-Platform-Survey_01_12.pdf. Acesso em 16 de outubro de 2020.

de mercados multifacetados, caracterizados pela facilitação das transações entre diferentes tipos de indivíduos e organizações que, nas formas tradicionais de negócios, teriam grande dificuldade para se encontrarem, a exemplo do Uber, do *Google Search*, da *Amazon Marketplace*, do *eBay* e, ainda, do *Airbnb*[43].

Já com relação às plataformas de inovação, segundo os autores, o traço marcante consiste na sua configuração em blocos tecnológicos, que se prestam a servir como alicerce para um ecossistema de inovação composto por grande número de pessoas desenvolvedoras de produtos ou serviços complementares, a exemplo de como ocorre com o *iPhone*, o qual é integrado por centenas de milhares de aplicativos desenvolvidos por inovadores de todo o mundo[44].

Compreende-se que os fenômenos dos itens anteriores sobre as novas tecnologias, como o alcance de centralismo da informação, os processos mais simples e o exercício de novas formas de propriedade da informação pelos agentes do mercado, provocaram ambiente econômico com o protagonismo dos arquétipos imateriais das plataformas digitais, da economia compartilhada, do mercado de comunidade, da economia *on demand* ou economia de aplicativos[45], ou da economia das plataformas digitais como se utiliza no presente trabalho.

Nesse sentido, convém ressaltar os dados apresentados pela autora Jennifer Warburg no estudo *Forecasting San Francisco's Economic Fortunes*, que trata da expansão do setor de tecnologia na economia da cidade de São Francisco, na Califórnia, Estados Unidos, e da correlata diversificação entre *bigtechs,* mais maduras e estáveis, como o *Facebook e o Google,* e *start-ups* da era que a autora chama de *dot-com boom*[46].

Quanto aos apontamentos numéricos feitos no trabalho, Warburg apresenta dados referentes ao crescimento do espaço ocupado pelo referido ramo no ambiente econômico da tecnologia de São Francisco, da

[43] Id.

[44] Id.

[45] LOBEL, Orly. **The law of the platform.** Minnesota: Minnesota Law Review, 2016. Disponível em: https://bit.ly/2WsUms4, p. 94. Acesso em 30 de dezembro de 2020.

[46] WARBURG, Jennifer. **Forecasting San Francisco's Economic Fortunes.** São Francisco: SPUR. 2014. Disponível em: https://www.spur.org/news/2014-02-27/forecasting-san-francisco-s-economic-fortunes. Acesso em 14 de outubro de 2020.

seguinte forma: De um percentual de 1% (um por cento) no ano de 1990 para 4% (quatro por cento) em 2010, chegando-se a 8% (oito por cento) no ano final de 2013[47].

Dessa maneira, os autores Peter C. Evans e Annabelle Gawer abordam que a aptidão que essas plataformas têm para se desdobrarem em uma série de dimensões diferentes, com inigualável eficiência para fins de interação produtiva, de velocidade e grande escala de inovação, foi capaz de contribuir para o correspondente sucesso para muito além dos modelos de negócios tradicionais, abarcando, portanto, os mais distintos setores da economia e consequentemente produzindo novos tipos e modelos de negócios[48].

No que diz respeito ao significado das plataformas digitais, tal como se depreende da leitura da obra *Strategies for two-sided markets* que leva em conta a perspectiva integrativa entre os agentes econômicos no ambiente dos mercados digitais multifacetados, nota-se que a literatura leva em conta os diferentes elementos que se colocam como essenciais e caracterizadores dos aludidos arquétipos digitais para fins de interpretação do seu significado[49].

Destarte, os autores Thomas Eisenmann e Geoffrey Parker mencionam que as transações no que chamam de "redes de dois lados" sempre envolvem uma relação triangular, em que dois grupos de usuários interagem entre si por meio de um ou mais intermediários chamados de "provedores de plataforma". Tais provedores de plataformas, além de traçarem uma arquitetura facilitadora de interação entre os usuários dos citados dois grupos, cuidam de um conjunto regras que regem as correspondentes transações.

[47] Id.

[48] EVANS, Peter C., GAWER, Annabelle. **The Emerging Platform Economy Series: The Rise of the Plataform Enterprise Global Survey**, 2016. Disponível em: https://www.thecge.net/ app/uploads/ 2016/01/PDF-WEB-Platform-Survey_01_12.pdf. Acesso em 16 de outubro de 2020.

[49] EISENMANN, Thomas. PARKER, Geoffrey. VAN ALSTYNE, Marshall W. **Strategies for two-sided markets.** Massachusetts: Harvard Business Review, 2006. Disponível em: https://edisciplinas.usp.br/ pluginfile.php/1704705/mod_resource/content/1/Eisenmann%20-%20Estrat%E2%8%9Agias%20para%20mer cados%20multilaterais.pdf. Acesso em 30 de dezembro de 2020.

Para tanto, entendendo que as plataformas substituem e rematerializam os mercados, configurando-se, por seu turno, como entidades jurídicas distintas com objetivos e agendas próprias, a autora Julie Cohen traça conceito de plataforma digital respaldado na percepção das mudanças análogas da propriedade de recursos intangíveis, da desmaterialização e do uso simultâneo massivo de dados nas etapas básicas da produção industrial e da incorporação de padrões de troca em plataformas de informação[50].

Por outro lado, na obra *The rise of the plataform economy*, os mencionados autores Martin Kenney e John Zysman, tratam do surgimento de uma economia da plataforma digital sob o viés da transformação inicial dos serviços de tecnologia da informação (TI) surgida com a internet. Para eles, essa alteração foi uma resposta estratégica à competição de preços entre produtores de produtos semelhantes, abordando as plataformas digitais como estruturas multifacetadas com capacidade de definição dos termos de interação entre os participantes[51].

Não obstante a inegável relevância da busca por uma conceituação exata da economia das plataformas digitais, entende-se, entretanto, que este trabalho não exaure por si só os questionamentos que o novo panorama digital traz aos seus participantes, sejam estes, Estados, corporações, consumidores ou detentores de um novo tipo de propriedade da informação, de forma que se passa a avaliar os desdobramentos da economia digital como um todo sob o viés da interferência estatal por meio das normas de Direito.

1.3. A Nova Lógica da Economia Digital, o Direito e a Regulação

Sob a perspectiva da teoria dos sistemas de Niklas Luhmann, tomando-se o Direito como um sistema social com interdependência causal com outros sistemas e ambientes, inevitável o impacto das alterações ocorridas no cenário econômico de novidades tecnológicas, bens e serviços digitais

[50] COHEN, Julie. **Law for the plataform economy.** UC. Davis Law Review, 2017, pp. 1-2. Disponível em: https://papers.ssrn.com/sol3/papers.cfm?abstract_id=2991261. Acesso em: 15 de janeiro de 2021.

[51] KENNEY, Martin; ZYSMAN, John. **The rise of the plataform economy.** *In*: Issues in science and technology, 2016. Disponível em: https://www.nbp.pl/badania/seminaria/25x2016_2.pdf. Acesso em 13 de outubro de 2020.

sobre as escolhas feitas nos distintos ordenamentos jurídicos ao redor do mundo e vice-versa[52-53].

Em vista da amplitude e da natureza estrutural da ruptura ou da evolução dos arranjos de produção antigos atinentes a uma realidade industrial pré-existente causada pelo novo funcionamento das atividades econômicas no âmbito do capitalismo informacional, é possível que se entenda pela imposição de grandes desafios às instituições de Direito interno e externo no sentido de oferecer respostas a essa nova conjuntura.

Dessa forma, em *The Law of the Plataform*, Orly Lobel destaca que a conformação de novos modelos econômicos pela revolução nos serviços disponíveis, no empreendedorismo tal como ele era tradicionalmente feito e na forma como trabalhamos acaba por influenciar na construção de novos processos jurídicos, reforçando que a inovação ocorrida no mercado pela digitalização acaba por oferecer oportunidade única para importantes questionamentos acerca do papel das normas jurídicas[54].

Assim, tendo em conta que as normas ora existentes foram editadas no contexto de um sistema capitalista industrial, considerando principalmente os aspectos globais, imateriais e mutáveis da lógica de organização do mercado no contexto de uma economia digitalizada, observa-se a conformação de circunstância de incertezas às administrações públicas estatais e supraestatais no sentido de decidirem sobre quando, por que e até onde regular as atividades econômicas desse novo mercado digital.

Ainda mais se considerarmos o novo modelo de governança existente no Estado Regulador e que envolve uma atuação estatal majoritariamente indireta na economia, pela regulação e pelo incentivo, de forma a ser necessário um profundo entendimento acerca das estruturas dos produtos e

[52] LUHMANN, Niklas. **O Direito da Sociedade**. São Paulo: Martins Fontes. 2016, pp. 59-60.

[53] Baldwin vai tratar da teoria de Luhmann da seguinte maneira: "Comunicadores de uma perspectiva da teoria de sistemas, como Luhmann e Teubner, há muito apontam como os subsistemas sociais (como economia, direito, política, etc.) estão ligados a suas próprias maneiras autorreferenciais de compreender o mundo para que ambos não deixem de se comunicar sem problemas". BALDWIN, Robert; CAVE, Martin; LODGE, Martin. **Understanding Regulation: theory, strategy and practice.** Oxford: OUP, 2013, p. 152.

[54] LOBEL, Orly. **The law of the platform.** Minnesota: Minnesota Law Review, 2016, p. 117. Disponível em: https://bit.ly/2WsUms4. Acesso em 31 de dezembro de 2020.

atividades existentes no sentido de identificar os modos de operação legítimos e ilegítimos do mercado e, portanto, passíveis de interferência estatal.

Quanto ao dilema da tomada de decisão sobre os fenômenos dessa era marcada por complexidade e constantes inovações tecnológicas, os autores Mark Fenwick e Wulf Kaal afirmam que as incertezas sobre a tomada de ações regulatórias podem levar a medidas imprudentes, quando da falta de um respaldo informacional adequado, ou a uma paralisia, em que a cautela do regulador tende a superar o risco, de maneira que este opta por aguardar e não intervir na economia, incorrendo-se em ambas as hipóteses em falhas regulatórias[55].

Tendo em conta as preditas incertezas e a importância das escolhas a serem feitas social, política e comercialmente para a determinação do futuro dessa conjuntura econômica, os autores Martin Kenney e John Zysman afirmam serem certas as mudanças causadas pela aplicação de *big data*, novos algoritmos e computação em nuvem na natureza do trabalho e na estrutura da economia, mencionado, entretanto, que a natureza exata dessas alterações resta determinada pelas escolhas sociais, políticas e comerciais feitas ao longo do tempo[56].

Partindo-se de tais considerações, convém afirmar o mesmo com relação às decisões feitas nos ordenamentos jurídicos quanto ao referido contexto. Isto porque, conforme mencionado, a falta ou a equivocada interferência do regulador nas inovações ocorridas no mercado são fundamentais para determinar o correspondente sucesso no mercado, o que se percebeu pelo ingresso do mencionado transporte privativo de pessoas por aplicativo no mundo.

No caso do *Uber*, apesar das respectivas semelhanças com os serviços prestados por empresas ou motoristas de táxi, aspecto evidenciado pelo nome inicialmente adotado pela empresa na Califórnia, o *Ubercab*, por conta das dificuldades encontradas em face de uma sujeição aos regramentos do setor de transportes privados tradicionais, a empresa adotou

[55] FENWICK, Mark. KAAL, Wulf A. VERMEULEN, Erik. **Regulation Tomorrow: What Happens When Technology Is Faster than the Law.** Washington D.C.: American University Business Law Review, 2017. Disponível em: https://bit.ly/31XZVSS. Acesso em 30 de dezembro de 2020.

[56] KENNEY, Martin; ZYSMAN, John. **The rise of the plataform economy**. *In*: Issues in science and technology, 2016. Disponível em: https://www.nbp.pl/badania/seminaria/25x2016_2.pdf. Acesso em 13 de outubro de 2020.

estratégia de alteração de nome para o atual *Uber*, assumindo narrativa de modelo de negócio de tecnologia diferenciado daquele sujeito à normatização existente para o serviço de taxi[57].

Considerando a identificada demora do regulador, a literatura menciona a cultura das *start ups* do Vale do Silício, na Califórnia, nos Estados Unidos, de iniciação dos respectivos serviços sem uma certificação pelas agências reguladoras americanas competentes, o que evidencia a relevância do momento e das práticas regulatórias, que, se descompassadas com o mercado, podem influenciar na conduta dos agentes econômicos e do mercado, trazendo distorção.

Nesse sentido, em *Design Thinking*, os autores Alice Armitage e Andrew Cordova abordam a mencionada perspectiva, no seguinte sentido:

> Os procedimentos de regulamentação para o governo federal e o estado da Califórnia estão em vigor desde meados da década de 1940. Eles foram projetados para funcionar bem com modelos de negócios diferentes daqueles usados por muitas empresas de plataforma hoje. Por esse motivo, há uma tensão inerente entre as regras existentes e os modelos usados pelas empresas de plataforma para oferecer serviços de novas maneiras. Seguindo o método de *startup* enxuta e o processo de desenvolvimento ágil, os empreendedores adotaram uma cultura de ruptura, muitas vezes baseada na filosofia de "peça perdão, não permissão[58].

Sob tais linhas, entendendo-se que a autoridade reguladora não tem condições de acompanhar todas as inovações tecnológicas em curso, o que se verifica como o problema do andamento[59], seja em virtude de falta

[57] HARTMANS, Avery; LESKIN, Paige. **The history of how Uber went from the most feared startup in the world to its massive IPO.** Business Insider, 2019. Disponível em: https://www.businessinsider.com/ubers-history. Acesso em 30 de dezembro de 2020.

[58] Tradução livre. ARMITAGE, Alice; CORDOVA, Andrew; SIEGEL, Rebecca. **Design-Thinking: The Answer to the Impasse between Innovation and Regulation.** California: UC Hastings Research Paper, 2017. Disponível em: https://ssrn.com/abstract=3024176. Acesso em 30 de dezembro de 2020.

[59] FENWICK, Mark. KAAL, Wulf A. VERMEULEN, Erik. **Regulation Tomorrow: What Happens When Technology Is Faster than the Law.** Washington D.C.: American University Business Law Review, 2017. Disponível em: https://bit.ly/31XZVSS. Acesso em 30 de dezembro de 2020.

de motivação do agente público em levar a frente tais intuitos regulatórios, seja por uma falta de informação por parte deste acerca dessas inovações, em vias de sanar a problemática envolvendo o regramento jurídico e as demandas do mercado, a literatura vai recomendar medidas diversificadas.

Quanto à motivação governamental, no trabalho *The Rise of the Plataform Enterprise*, os autores afirmam que a visão dos governos sobre as plataformas digitais variam entre: i. Veículos para mudanças positivas, como os estímulos à inovação e à produtividade pelo uso dos ativos da economia compartilhada; e ii. Desafios a questões trabalhistas, tributárias e concorrenciais, em que as preocupações com abusos de domínio e o uso de dados privados provocam escrutínio regulatório ou novas regulamentações nas plataformas digitais e no espaço digital em geral[60].

Nesse sentido, enxergando a relevância das decisões tomadas para o incentivo desse novo ambiente econômico, Klaus Schwab trata dos elementos que figuram como essenciais para o desdobramento da Quarta Revolução de forma coesa e efetiva, a saber: i) Ajustes quanto a questões de liderança e capacidade de uma renovação no entendimento sobre economia, sociedade e sistema político; e ii) A criação de uma narrativa consistente, positiva e unificada sobre as oportunidades e desafios trazidos por essa Industria[61].

Contudo, entende-se que a tarefa de liderança consistente pelos Estados parece não ser de fácil execução, ainda mais se concebidas as peculiaridades e a inconstância das tecnologias evidenciada pelos atuais questionamentos sobre a hegemonia da Lei de Moore[62], da década de 60, que trata de limite no processamento de dados e de inovações pelos

[60] EVANS, Peter C., GAWER, Annabelle. **The Emerging Platform Economy Series: The Rise of the Plataform Enterprise Global Survey**, 2016. Disponível em: https://www.thecge.net/ app/uploads/2016/ 01/PDF-WEB-Platform-Survey_01_12.pdf. Acesso em 16 de outubro de 2020.

[61] SCHWAB, Klaus. **The Fourth Industrial Revolution**. N.Y.: Crown Business, 2017, p. 2.

[62] "Com o custo unitário caindo conforme o número de componentes por circuito sobe, em 1975 a economia pode ditar a compressão até 65.000 componentes em um único chip de silício". MOORE, Gordon. E. **Cramming more components onto integrated circuits.** Electronics, v.38, n.8, 1965. Disponível em: https://newsroom .intel.com/wp-content/uploads/sites /11/2018/05/moores-law –electronics.pdf. Acesso em 14 de outubro de 2020.

dispositivos físicos de *hardware*. A Lei sofre questionamento pelos avanços em inteligência artificial e física quântica, o que denota a infinidade de possibilidades das inovações tecnológicas.

Quanto à referida problemática, no tocante às plataformas digitais, ressalta-se que o exercício de novas formas de exercício de propriedade das informações por meio desses arquétipos digitais a nível global implica dúvidas e questionamentos sobre o papel e a competência do regulador, dos agentes a serem regulados, dos meios de regulação e, em matéria de tributação, sobre a forma de delimitação do fato econômico a ser regulado[63].

Para tanto, a literatura aborda frequentemente a problemática regulatória sob a perspectiva do desenho normativo, mencionando o prejuízo na perda de políticas e metas econômicas no que chama de "campo de batalha entre a inovação e a regulamentação" para, a partir disso, propor medidas variadas a um melhor conhecimento das tecnologias, a exemplo do processo de regulamentação colaborativo, que por envolver as partes interessadas do setor e da regulamentação é capaz de agregar agilidade e confiança no processo regulatório[64].

Por outro lado, os autores Mark Fenwick, Wulf Kaal e Erik Vermeulen tratam dos seguintes passos fundamentais para o alcance do que entenderam como intervenção regulatória apropriada: i. Intervenção regulatória baseada em dados, na qual a consulta a diferentes fontes de dados pode fornecer sinais ou pistas sobre o que, quando e, até certo ponto, como regular; ii. Abordagem respaldada em princípios, na qual os reguladores se fundamentam em experimentos regulatórios com comparação de resultados; e iii. Uso de estratégia de "*sandbox*"[65].

[63] EVANS, Peter C., GAWER, Annabelle. **The Emerging Platform Economy Series: The Rise of the Plataform Enterprise Global Survey**, 2016. Disponível em: https://www.thecge.net/ app/uploads/2016/ 01/PDF-WEB-Platform-Survey_01_12.pdf. Acesso em 16 de outubro de 2020.

[64] ARMITAGE, Alice; CORDOVA, Andrew; SIEGEL, Rebecca. **Design-Thinking: The Answer to the Impasse between Innovation and Regulation.** California: UC Hastings Research Paper, 2017. Disponível em: https://ssrn.com/abstract=3024176. Acesso em 30 de dezembro de 2020.

[65] De maneira complementar ao texto acima mencionado e traduzido de forma livre, quanto à estratégia do *sandbox*, os autores especificam que: "A ideia por trás da *sandbox* é de fornecer um espaço seguro para testar produtos e serviços inovadores sem ser forçado a cumprir o

Muito embora os autores estabeleçam na mencionada obra o que entendem como mecanismos de ajuste da intervenção regulatória no âmbito das atividades da economia digital, convém ressaltar o entendimento por eles também exposto sobre a essencialidade da observância das diferenças encontradas nos modelos regulatórios dos diferentes países, o que se tem como fundamental para a tomada de decisões regulatórias no cenário das atividades do contexto da economia digital no Brasil.

Ressaltando-se a relevância do alinhamento entre o regramento jurídico, as atividades e os mercados digitais, face os desafios impostos aos legisladores para a definição do momento para uma ação ou inação legislativa frente às novas tecnologias, menciona-se que os obstáculos encontrados pelos reguladores brasileiros ainda são maiores que nos países europeus e nos Estados Unidos em virtude da falta de consolidação da cultura das agências reguladoras e de uma quase que completa sujeição do processo normativo aos Poderes Legislativo e Executivo.

Quanto às demandas da tributação das atividades digitais, observa-se que o comando da Constituição Federal no sentido de estabelecer como objetivo da República Federativa do Brasil a promoção de incentivo ao desenvolvimento socioeconômico do país[66] reforça a necessidade de

conjunto de regras e regulamentos aplicáveis. Com o *sandbox*, o regulador visa promover a inovação, reduzindo as barreiras regulatórias e os custos para testar tecnologias inovadoras disruptivas, garantindo que os consumidores não sejam afetados negativamente. Em um ambiente regulatório baseado em dados, há uma necessidade clara de medidas baseadas em processos flexíveis e inclusivos que envolvam empresas iniciantes e estabelecidas, reguladores, especialistas e o público. Essa abordagem regulatória já é adotada no setor financeiro e deve ser estendida aos demais setores". Tradução livre. FENWICK, Mark. KAAL, Wulf A. VERMEULEN, Erik. **Regulation Tomorrow: What Happens When Technology Is Faster than the Law.** Washington D.C.: American University Business Law Review, 2017. Disponível em: https://bit.ly/31XZVSS. Acesso em 30 de dezembro de 2020.

[66] Os artigos 3 e 174, da CRFB, bem retratam esses objetivos nos seguintes termos: Conforme o artigo o artigo 3. "Constituem objetivos fundamentais da República Federativa do Brasil: I – construir uma sociedade livre, justa e solidária; II – garantir o desenvolvimento nacional; III – erradicar a pobreza e a marginalização e reduzir as desigualdades sociais e regionais; IV – promover o bem de todos, sem preconceitos de origem, raça, sexo, cor, idade e quaisquer outras formas de discriminação. O artigo 174, da CRFB dispõe que: "Como agente normativo e regulador da atividade econômica, o Estado exercerá, na forma da lei, as funções de fiscalização, incentivo e planejamento, sendo este determinante para o setor público e indicativo para o setor privado. **Constituição da República Federativa do Brasil de 1988.** Brasília,

regramento jurídico alinhado com tais fenômenos econômicos, o que não se dá quando de uma inapropriada ou deficiente regulamentação das atividades desenvolvidas na economia digital, como retrata a OCDE na ação 1, do projeto *Base Erosion and Profits Shifiting*[67].

Dessa forma, ao reconhecer no relatório editado em 2015, os desafios da expansão da economia digital à tributação em face de uma "incomparável dependência de intangíveis, do uso massivo de dados (principalmente dados pessoais), da ampla adoção de modelos de negócios multifacetados, capturando valor de externalidades geradas por produtos gratuitos, e da dificuldade de determinar a jurisdição em que a criação de valor ocorre", a OCDE trata da possível existência de indicadores de defeitos nos sistemas de tributação existentes.

Nota-se, portanto, que a OCDE entende que uma tributação baixa não se presta por si só a atestar inconformidades nos sistemas tributários, sugerindo, portanto, uma avaliação de elementos atrelados ao funcionamento das empresas, a exemplo da forma de aferição de lucro, e que são fundamentais para os debates sobre os conceitos de origem e de destino ou de caracterização de rendimentos para efeitos fiscais e de realocação de direitos tributários que atualmente se afiguram como centrais no que diz respeito à regulação pela tributação[68].

Ao tratar da relação da tributação com o desenvolvimento dos fenômenos econômicos, Jordana Payão afirma que uma tributação adequada é

DF: Presidência da República, [2020]. Disponível em: http://www.planalto.gov.br/ccivil_03/constituição /constituicao.htm. Acesso em: 24 de junho de 2020.

[67] O plano 1, do BEPS reconhece o surgimento de problemas fiscais como a erosão da base fiscal e o deslocamento da competência tributária por conta das nuances dos novos tipos de modelo de negócios e o acréscimo de desafios fiscais mais amplos para os formuladores de políticas, estes últimos em virtude da sobreposição de nexo, dados e caracterização para fins fiscais diretos e dos desafios para a cobrança de imposto adicionado (IVA), particularmente em que bens, serviços e intangíveis são adquiridos por consumidores privados de fornecedores no exterior. ORGANIZAÇÃO PARA A COOPERAÇÃO E DESENVOLVIMENTO ECONÔMICO (OCDE). **Tax challenges raised by digitalisation.** Relatório. Paris: OECD, 2015, pp. 11-13. Disponível em: https://www.oecd .org /tax/ beps/beps-actions/action1/. Acesso em: 19 de fevereiro de 2020.

[68] ORGANIZAÇÃO PARA A COOPERAÇÃO E DESENVOLVIMENTO ECONÔMICO (OCDE). **Tax challenges raised by digitalisation.** Relatório. Paris: OECD, 2015, p. 16. Disponível em: https://www.oecd.org /tax/ beps/beps-actions/action1/. Acesso em: 19 de fevereiro de 2020.

essencial ao fomento da economia e ao crescimento da arrecadação fiscal, salientando que o correspondente significado na Análise Econômica do Direito é de ultrapassagem da esfera de custos de transação para a condução dos sujeitos ao empreendedorismo e ao investimento, o que no sentido contrário significa que uma exação inadequada é inibidora das atividades econômicas e dos novos investimentos[69].

Sob a perspectiva do desequilíbrio do mercado oriundo da problemática normativo-tributária deflagrada quanto aos fenômenos econômicos digitais, considerando o peso financeiro advindo dos custos adicionais das imposições tributárias, para que se leve à cabo os intuitos de promoção de riqueza pela tributação, fundamental a análise e, se necessário, o ajuste das respostas normativo-tributárias oferecidas no cenário que ora se vislumbra no âmbito da economia digital. O assunto será debatido com maior profundidade em capítulo específico[70].

1.4. O Serviço de Transporte Privativo de Pessoas por Aplicativo Digital

Tal como já retratado anteriormente, na linha dos negócios surgidos com o advento da economia das plataformas digitais se formou, na cidade de São Francisco, no estado da Califórnia, nos Estados Unidos da América, a primeira empresa de tecnologia voltada à prestação de

[69] PAYAO, Jordana; ROSSIGNOL, Marisa. **Desafios da Regulação Tributária em Tempos de Tecnologias Disruptivas.** Novos Estudos Jurídicos, 2019. Disponível em: https://siaiap32.univali.br/seer/index.php/nej/ article /view/14962/8543. Acesso em 05 de agosto de 2020.

[70] Ao falar, por exemplo, dos custos agregados para fins de cumprimento das regras tributárias ou das obrigações tributárias acessórias, conforme estudo do Banco Mundial sobre o pagamento dos tributos, avaliando, portanto, os gastos das empresas com o custo da tributação e com o tempo, em horas, gasto pelas empresas para o preparo e pagamento dos impostos dos três tipos principais impostos brasileiros, quais sejam: o imposto de renda corporativo, o imposto sobre o valor agregado ou sobre vendas e os impostos trabalhistas, incluindo impostos sobre salários e contribuições para a segurança social, observou-se que, em 2019, as empresas brasileiras gastaram cerca de 1.501 horas com a burocracia tributária e que tais horas configuradas como despesas pelo pagamento de profissionais, por exemplo, em conjunto com o montante das obrigações principais desses tributos representaram 64.7% de seus faturamentos, o que apresenta grande contraste com o montante de 158,8 horas e 39,9% do pais com maior renda da OCDE. BANCO MUNDIAL. **Doing Business: Measuring Business Regulation**, 2021. Disponível em: https://www.doingbusiness.org/en/data/exploreeconomies/brazil#DB_tax. Acesso em: 15 de janeiro de 2021.

serviço de transporte privativo de pessoas por aplicativo digital no mundo, a *Ubercab*[71].

Dessa maneira, face à percepção de espaço no mercado francês para o oferecimento de serviço diferenciado de transportes privativos, com dominação quase que exclusiva e sem eficiência pelo serviço de táxi, os criadores da empresa deram ensejo, em 2010, a serviço contratado por aplicativo instalado em *smartphone*[72].

Contudo, considerando a perspectiva de dificuldades para a regulamentação já existente com relação aos serviços de táxi, com base em novo nome e estratégia de enquadramento dentro do contexto de empresa de tecnologia, a empresa *Uber* acabou por se reinventar e por expandir as suas atividades para os mais distintos mercados do mundo sem qualquer regulamentação, o que deu ensejo a grandes debates sobre a regulação do serviço[73].

Assim, tratando-se especificamente das incertezas dos Estados acerca da legislação ou da regulamentação apropriada dessas inovações das plataformas digitais e seus desdobramentos, as autoras Patrícia Baptista e Clara Keller tratam do dilema regulatório vislumbrado mundialmente com relação à *Uber* no país e no mundo, da seguinte maneira:

> O oferecimento de serviços de transporte particular por meio da plataforma digital para smartphones Uber — lançada nos Estados Unidos em 2010 e em operação no Brasil desde 2014 — tem despertado intensas reações não apenas dos prestadores dos serviços de transporte de passageiros regulamentados como de autoridades públicas das diversas esferas de poder (...) No Brasil, algumas prefeituras, pressionadas pelas corporações de prestadores dos serviços regulados, optaram inicialmente por proscrever a plataforma, interpretando-a como violadora da privatividade estatal do serviço público de transporte de passageiros (...) Perdoe-nos o leitor, mas esse relato quase

[71] HARTMANS, Avery; LESKIN, Paige. **The history of how Uber went from the most feared startup in the world to its massive IPO.** Business Insider, 2019. Disponível em: https://www.businessinsider.com/ubers-history. Acesso em 30 de dezembro de 2020.

[72] UBER. **A história da Uber.** Uber News Room, 2020. Disponível em: https://www.uber.com/pt-BR/newsroom/ hist%C3%B3ria/. Acesso em 25 de junho de 2020.

[73] RIBEIRO, Leonardo C. A instrumentalidade do Direito administrativo e a regulação de novas tecnologias disruptivas. In: **Regulação e Novas Tecnologias**. Coord. FREITAS, Rafael V.; RIBEIRO, Leonardo C.; FEIGELSON, Bruno. Belo Horizonte: Fórum, 2017.

jornalístico de três situações pinçadas ao acaso do noticiário recente pareceu útil por evidenciar que parte expressiva das questões que impactam o cotidiano das sociedades contemporâneas contrapõe, de um lado, os avanços da tecnologia e, do outro, o papel que os Estados e, por consequência, o Direito devem ou não exercer na disciplina dessas inovações. Esse é o ponto comum que as une. A velocidade dos avanços tecnológicos, especialmente os da tecnologia digital e de dados, tem posto às administrações públicas, estatais e supraestatais, os desafios de decidir quando, por que e até onde intervir e disciplinar essas inovações[74].

Por essa abordagem, nota-se que a situação ocorrida pelo ingresso das plataformas digitais de transporte privativo de pessoas no mercado de transportes global demonstra os desafios trazidos aos Estados, evidenciando-se as incertezas para a tomada de decisões no sentido de: i. "Por quê" regular, que consiste na identificação da tecnologia disruptiva que deve ser regulamentada; ii. "Quando" regular, que diz respeito ao momento de qualquer intervenção regulatória; e iii. "Como" regular, que trata da forma e do conteúdo que a regulação deve ter[75].

Destarte, conforme ocorrido em boa parte do mundo, percebe-se que, no Brasil, a empresa *Uber* iniciou as suas operações na cidade do Rio de Janeiro, no ano de 2014, mesmo sem que tivesse sido implementada qualquer regulamentação dos seus serviços, obtendo, desde então, considerável reconhecimento no país, o que possibilitou, inclusive, a ampliação do respectivo escopo ao transporte de produtos alimentícios *(UberEats)* e de animais domésticos *(UberPet)*.

Vê-se que a relevância do serviço nos dias de hoje é tão grande que além deste começar a ser prestado por concorrentes como o *Cabify*, o *Televo*, o *WillGo*, o *Lyft*, o *Curb, o Grab e* o *Ola*, o seu ingresso visto como disruptivo no mercado acabou por provocar inúmeras alterações nos

[74] BAPTISTA, Patrícia; KELLER, Clara I., **Por que, quando e como regular as novas tecnologias? Os desafios trazidos pelas inovações disruptivas.** Rio de Janeiro: Revista de Direito Administrativo, 2016. Disponível em: http://bibliotecadigital.fgv.br/ojs/index.php/rda/ article/view/66659. Acesso em: 20 de junho de 2020.

[75] FENWICK, Mark. KAAL, Wulf A. VERMEULEN, Erik. **Regulation Tomorrow: What Happens When Technology Is Faster than the Law.** Washington D.C.: American University Business Law Review, 2017. Disponível em: https://bit.ly/31XZVSS. Acesso em 30 de dezembro de 2020.

processos do serviço de táxi no Brasil, o qual, por exemplo, também passou a contar com a modalidade de contratação por meio de aplicativo de *smartphones*[76-77].

Assim, os produtos disponíveis no mercado de transporte privado até então, com acionamento presencial e por telefone, passaram não só a concorrer com novas alternativas de menor custo, contratação virtual e as mais diversas ferramentas de personalização, como a escolha da categoria do veículo utilizado, da possibilidade de silêncio durante a viagem, de temperatura mais ou menos amena e, ainda, com a oportunidade de avaliação do condutor, sendo influenciados pela simplicidade dos processos de seus concorrentes digitais[78].

Assim, mesmo que sem deter a propriedade dos veículos utilizados na prestação do serviço de transporte que presta por seu aplicativo de *smartphone*, com base nos dados da empresa *Uber* para o ano de 2018, resta configurada a impressionante marca de 91 (noventa e um) milhões de clientes ativos na plataforma, mensalmente, e aproximados 4 (quatro) milhões de motoristas parceiros, 10 (dez) bilhões de viagens no mundo, presença em 63 (sessenta e três) países e 700 (setecentas) cidades e com 14 (quatorze) milhões de viagens diárias[79].

Ressalta-se que, da mesma forma que não dispõe dos veículos que realizam a prestação do seu escopo de serviço, a empresa *Uber* tampouco

[76] ZACKS. **Who are Uber's biggest competitors?** Nasdaq, 2017. Disponível em: https://www.nasdaq.com/ articles/who-are-ubers-biggest-competitors-2017-10-17. Acesso em 25 de junho de 2020 e FARIA, Larissa. **Testamos os novos concorrentes do Uber.** São Paulo: Veja, 2016. Disponível em: https://vejasp.abril.com.br /cidades/concorrentes-do-uber-aplicativos--carro/. Acesso em 25 de junho de 2020.

[77] Na cidade de São Paulo, o aplicativo voltado aos serviços de taxis foi criado no final de 2019. Decreto nº 59.128, de 09 de dezembro de 2019. Disponível em: http://diariooficial.imprensaoficial.com.br/nav_v5/index. asp?c=1&e =20191210 &p=1. Acesso em 25 de junho de 2020.

[78] "O Uber e outras formas de compartilhamento economia, são algumas das inovações que estão tornando os mercados mais competitivo, melhorando o acesso a várias facilidades e serviços". RANCHORDÁS, Sofia, **Does sharing mean caring: Regulating innovation in the sharing economy**. Minnesota: The Minnesota Journal of Law, Science & Technology, 2015. Disponível em: https://scholarship.law.umn.edu/cgi/viewcontent. cgi?article=1356&context=mjlst. Acesso em: 24 de junho de 2020.

[79] UBER. **A história da Uber.** Uber News Room, 2020. Disponível em: https://www.uber.com/ pt-BR/newsroom /hist%C3%B3ria/. Acesso em 25 de junho de 2020.

tem qualquer vínculo de empregabilidade com os condutores e na maior parte das vezes proprietários de tais veículos, ponto este que faz parte do conjunto de desafios trazidos ao Estado por conta das alterações ocorridas nos tradicionais contornos do mercado no contexto da economia digital[80].

Nesse sentido, percebe-se que muito embora a entrada da *Uber* no mercado de transportes brasileiro tenha provocado uma enorme resistência por parte da classe dos taxistas, que buscou pressionar o poder público pelos seus sindicatos e associações para uma inviável proibição do serviço, é evidente que esse novo modelo de negócio implicou alterações na forma de prestação do serviço pelos próprios taxistas[81].

Assim, nota-se que com base no vazio normativo e posteriormente na linha do *too big to ban*[82], um negócio digital como o serviço privativo de transporte de pessoas oferecido por plataforma digital acabou por não só reestruturar o mercado, trazendo desequilíbrio no que diz respeito à concorrência no setor dos transportes e, da mesma forma, no cumprimento das obrigações tributárias que normalmente se deflagrariam quanto às aludidas operações caso fossem prestadas por estabelecimentos físicos.

Com relação à problemática da tributação dessa economia digital e das plataformas digitais, Celso de Barros Correia Neto, José Roberto Afonso e Luciano Felício Fuck mencionam demanda a nível nacional e internacional por cobranças tributárias alinhadas com as mudanças sociais e econômicas em curso, ressaltando que os sistemas tributários em vigor posto que respaldados em bases do século XX e incapazes de lidarem com

[80] A 5ª Turma do Tribunal Superior do Trabalho entendeu que aplicativo de transporte de passageiros presta um serviço de intermediação e, por isso, o motorista que usa a plataforma não tem relação trabalhista, ao negar o reconhecimento de vínculo empregatício de um motorista que prestava serviços pela Uber. A informação pode ser encontrada no endereço eletrônico. VALENTE, Fernanda. **Turma do TST nega vínculo de emprego entre Uber e motoristas.** Conjur, 2020. Disponível em: https://www.conjur.com.br/2020-fev-05/turma-tst-nega-vinculo-emprego-entre-uber-motorista. Acesso em: 15 de março de 2020.

[81] Conforme notícia de jornal, o serviço chegou a ser proibido na Cidade de São Paulo, em 2014. DOMINGOS, Roney. **Câmara de São Paulo aprova projeto que proíbe o Uber.** São Paulo: Globo, 2015. Disponível em: <http://g1.globo.com/sao-paulo/noticia/2015/06/camara-de-sp-aprova-projeto-que-proibe-aplicativo-uber.html>. Acesso em: 20 de junho de 2020.

[82] RIBEIRO, Leonardo C. A instrumentalidade do Direito administrativo e a regulação de novas tecnologias disruptivas. In: **Regulação e Novas Tecnologias**. Coord. FREITAS, Rafael V.; RIBEIRO, Leonardo C.; FEIGELSON, Bruno. Belo Horizonte: Fórum, 2017.

as novas práticas comerciais e modelos de negócios, não conseguem tratar dos desafios de uma nova economia digital[83].

Em face dos inúmeros debates sobre a problemática da tributação incidente sobre o lucro das *bigtechs* como o *Uber*, verifica-se que no mencionado Projeto BEPS (*Base Erosion and Profit Shifting*), conduzido pela OCDE com o apoio do G20, busca-se soluções a inúmeras preocupações acerca do referido cenário e que têm como uma de suas bases principais o notado crescimento da utilização de estratégias de planejamento tributário tendentes à evasão da cobrança de tributos por meio da utilização de tratados internacionais de bitributação.

Considerando que as plataformas digitais e as *big techs* desse modelo de economia vêm se valendo – intencionalmente ou não – das regras para elidir a bitributação, alcançando vantagem competitiva sobre as empresas concorrentes locais em prejuízo da arrecadação tributária, para se evitar problemas como distorções comerciais e entraves ao crescimento econômico e ao próprio incentivo das atividades digitais, fundamental a análise das saídas regulatório-tributárias para a tributação da economia digital[84].

1.5. O Serviço de Transporte por Aplicativo no Brasil

Quanto ao impacto da digitalização sobre o setor de transportes no Brasil, observa-se que a disseminação da prestação de serviço de utilidade pública por particulares, contratados por meio de plataforma digital para *smartphones* promoveu alteração na dinâmica de funcionamento do mercado de transportes, chegando-se ao ponto de ser inquestionável a respectiva essencialidade no contexto das determinações de isolamento social feitas pelos governos dos Estados durante a pandemia provocada pelo vírus Covid-19[85].

[83] NETO, Celso B. C.; AFONSO, José R. R.; FUCK, Luciano F. N. **A Tributação na Era Digital e os Desafios do Sistema Tributário no Brasil.** Revista Brasileira de Direito, 2019. Disponível em: https://seer.imed.edu.br/ index.php/revistadedireito/article/view/3356/2344. Acesso em 15 de outubro de 2020.

[84] Id.

[85] No estado do Rio de Janeiro, as medidas de isolamento social passaram a ser tomadas a partir de março de 2020. Decreto nº 46.966, de 11 de março de 2020. Disponível em: https://pge.rj.gov.br/comum/code/MostrarArquivo .php ?C=MTAyMTk%2C. Acesso em: 25 de junho de 2020.

Assim, os tradicionais produtos disponíveis no mercado até então, como os táxis, passaram a concorrer com novas alternativas de transporte de menor custo, contratação virtual e as mais diversas ferramentas de personalização, como a escolha da categoria do veículo utilizado, da possibilidade de silêncio durante a viagem, de temperatura mais ou menos amena e, ainda, com a oportunidade de avaliação do condutor e do serviço em si.

Não obstante os benefícios dessa modalidade de serviço e a sua utilidade sobretudo com relação à problemática do desemprego[86] no Brasil acabem tornando a sua proibição praticamente inviável, inúmeros debates foram travados em âmbito nacional acerca da correspondente legalidade, principalmente em virtude de alegada concorrência desleal com o serviço prestado por taxistas e devidamente regulamentado pela "Lei dos Taxistas", a Lei 12.468/11[87].

Muito embora a referida mudança no estado da arte dos transportes acabou por tornar necessária a adaptação do modelo regulatório tributário até então vigente[88], percebe-se que os debates acerca da respectiva legalidade ocorridos também em países como os Estados Unidos, Alemanha, França e China, pareceram abafar a tomada de decisões pelos municípios e pelo Distrito Federal acerca do tratamento tributário concedido à correlata atividade econômica.

[86] Na época do surgimento do Uber no Brasil, a taxa de desemprego se encontrava na faixa de 6.9%. Atualmente a faixa de desemprego é de 12,6%, conforme informações do IBGE. INSTITUTO BRASILEIRO DE GEOGRAFIA E ESTATÍSTICA (IBGE). **Pesquisa Nacional por Amostra de Domicílios: desemprego.** Rio de Janeiro, 2020. Disponível em: https://www.ibge.gov.br/estatísticas /sociais/trabalho/ 9173-pesquisa-nacional-por-amostra-de-domicilios--continua-trimestral.html?=&t=series-historicas&utm_source=landing&utm_medium=explica&utm_campaign=dessem prego. Acesso em 15 de abril de 2020.

[87] Lei 12.468, de 26 de agosto de 2011. Disponível em: http://www.planalto.gov.br/ccivil_03/_ato2011-2014/2011/lei/l12468.htm. Acesso em 25 de junho de 2020.

[88] A doutrina denomina de desconexão regulatória a situação em que se faz necessária uma reconexão regulatória. Isso ocorre quando novas tecnologias em funcionamento são relegadas a um vazio regulatório. BAPTISTA, Patrícia; KELLER, Clara I., **Por que, quando e como regular as novas tecnologias? Os desafios trazidos pelas inovações Disruptivas.** Rio de Janeiro: Revista de Direito Administrativo, 2016. Disponível em: http://bibliotecadigital.fgv.br/ojs/index.php/rda/article/view/66659. Acesso em: 20 de junho de 2020.

Apesar do ajuste feito no âmbito federal à Política Nacional de Mobilidade Urbana (Lei 12.587/12)[89] para a inclusão do citado serviço no rol de transportes regulamentados[90], em relação à matéria tributária, as iniciativas ainda permanecem tímidas e diferenciadas nas distintas cidades do país. Isto porque, alguns municípios, estados e o Distrito Federal sequer editaram normas tributárias específicas quanto ao tema e outros deram ensejo à produção normativa inadequada para o estímulo dessa atividade econômica.

Contudo, ainda que a mencionada dificuldade de adaptação do mercado às mudanças promovidas pela inovação tecnológica nos transportes não tenha sido exclusividade do Brasil, percebe-se que atualmente os debates acerca da sua legalidade vêm sendo em parte apaziguados, abrindo-se espaço ao tratamento das questões tributárias que tanto influenciam o desenvolvimento dos fenômenos econômicos.

Dessa maneira, no sentido de averiguar se o modelo regulatório tributário que vem sendo construído para o "transporte por aplicativo no Brasil é capaz de oferecer respostas apropriadas ao estímulo dessa atividade, este trabalho busca desenvolver estudo das normas tributárias dirigidas ao regramento do serviço no país, propondo medidas de ajuste à tributação e ao correspondente modelo regulatório, conforme os objetivos de incentivo à criação de valor e à geração de riqueza no mercado brasileiro.

[89] Lei 11.258, de 03 de janeiro de 2012. Disponível em: http://www.planalto.gov.br/ccivil_03/_Ato2011-2014/2012/Lei/L12 587.htm. Acesso em 25 de junho de 2020.

[90] A inclusão da disposição na Lei 11.258/12 se deu por intermédio da Lei 13.640/18, nos seguintes termos: "Artigo 4º: Para os fins desta Lei, considera-se: X – transporte remunerado privado individual de passageiros: serviço remunerado de transporte de passageiros, não aberto ao público, para a realização de viagens individualizadas ou compartilhadas solicitadas exclusivamente por usuários previamente cadastrados em aplicativos ou outras plataformas de comunicação em rede". Disponível: http://www.planalto.gov.br/ccivil_03/_Ato2015-2018/2018/ Lei/L13640.htm#art2. Acesso em 07 de janeiro 2021.

2.
A REGULAÇÃO TRIBUTÁRIA E OS PARÂMETROS DA ECONOMIA DIGITAL

Conforme abordado no capítulo anterior, muitos dos debates sobre os desafios que se apresentam aos Estados pela economia digital derivam da alteração no modelo de governança pública que prepondera nas distintas nações do mundo e que resta marcado pela predominância de uma atuação classificada como regulatória[91].

Nesse sentido, para que se compreenda em que medida as alterações socioeconômicas foram capazes de impactar a interação entre Estado e economia e a correspondente tomada de decisões pelo governo sobre a atuação no mercado, é fundamental que se observe o conceito, as características e os motivos justificadores do que se menciona como uma nova forma de intervenção governamental na economia.

2.1. A Atividade Regulatória

Tendo-se em mente identificada alteração no diálogo entre as escolhas jurídicas e a economia dos estilos de governo das épocas anteriores à que atualmente se desdobra, convém observar que no âmbito da forma

[91] MAJONE, Giandomenico. Do Estado positivo ao Estado regulador. *In*: MATTOS, Paulo Todescan (Coord.). **Regulação Econômica e Democracia: o debate europeu.** São Paulo: RT, 2017, p. 15.

de gestão pública adotada por boa parte das nações capitalistas, dentre os quais, o Brasil, a relação entre o poder público e o mercado acaba por se configurar com base numa atuação governamental primordialmente indireta e pontual, voltada a um menor intervencionismo estatal na economia.

Ressaltando-se que a atividade regulatória não consiste em exclusividade do atual modelo de governança e nem tampouco do Estado, podendo ser realizada por diversos sujeitos e de diversas formas, dentre as quais aquela concretizada por meio das normas de Direito Tributário, nota-se a existência de uma gama de percepções acerca dessa atividade na literatura da teoria da regulação de necessário entendimento para fins de realização do presente estudo.

Como parte da busca por uma abstração normativa aplicável ao citado conceito, menciona-se a relevância da noção proposta por Philip Selznick, pertinente à compreensão sobre a configuração de um "controle sustentado e focado exercido por um órgão público sobre atividades que são valorizadas por uma comunidade"[92], e por Barry Mitnik que enxerga a regulação como "uma restrição intencional da escolha da atividade de um sujeito por uma entidade que não seja diretamente parte ou envolvida na correspondente atividade[93].

Nesse contexto, observa-se que a regulação pode assumir caráter de: i. conjunto específico de comandos para o alcance de um fim específico; ii. influência deliberada do Estado por meio de ações diversificadas para influenciar os negócios ou o comportamento social; e iii. todas as formas de influência social ou econômica com efeitos projetados ou meramente acidentais, incluindo-se nesta última aplicação os efeitos promovidos por fontes outras além do Estado (como, por exemplo, os mercados)[94-95].

92 SELZNICK, Philip. **Focusing organizational research on regulation.** Berkeley: University of California Press, 1985, p. 363.

93 MITNICK, Barry. **Deregulation as a Process of Organizational Reduction**. Public Administration Review, 1978, pp. 350-357. Disponível em: https://www.jstor.org/stable/975818. Acesso em 17 de janeiro de 2021.

94 BALDWIN, Robert; CAVE, Martin; LODGE, Martin. **Understanding Regulation: theory, strategy and practice.** Oxford: OUP, 2013, p. 3.

95 Muito embora seja possível encontrar uma ampla diversidade de entendimentos acerca do que se entende por regulação, há que se observar para todas essas significações há um elemento comum da correlação entre uma regra aplicada e um objetivo específico que se

Delimitando-se a atividade regulatória como interferência estatal no domínio econômico por meio de conjuntos específicos de comandos para o alcance de objetivos específicos, convém afirmar que as medidas regulatórias são consubstanciadas nos seguintes argumentos técnicos: i. a incapacidade de produção de comportamentos ou resultados desejáveis pelo sistema de livre mercado; ii. a decisão política pela valorização e alcance de um interesse comum específico; e iii. as falhas cognitivas dos agentes privados no mercado[96].

Dessa forma, o poder público vai assumir seu papel de agente regulador da economia nas hipóteses em que o mercado não é capaz de produzir de maneira suficiente comportamentos ou resultados adequados, ou seja, o Estado vai buscar o controle das chamadas falhas de mercado[97], tratando dos obstáculos para a ocorrência de uma alocação adequada de recursos entre os agentes privados atuantes no mercado[98].

Ultrapassando-se a premissa de ineficiência alocativa de recursos, a regulação estatal da economia também poderá ter como justificativa técnica decisão política pela priorização de direitos fundamentais e valores sociais e culturais específicos, como, por exemplo, a inclusão de grupos minoritários e excluídos, a proteção de interesses intergeracionais, as demandas redistributivas, dentre outros tidos como relevantes pelo governo[99].

pretende alcançar. COGLIANESE, Cary. **Regulation's four core components.** Pennsylvania: The Regulatory Review, 2012. Disponível em: https://www.theregreview.org/2012 /09/17/ regulations-four-core-components/. Acesso em: 24 de junho de 2020.

[96] BALDWIN, Robert; CAVE, Martin; LODGE, Martin. **Understanding Regulation: theory, strategy and practice.** Oxford: OUP, 2013, pp. 15-83.

[97] BATOR. Francis M. **The Anatomy of Market Failure**. Massachusetts: The Quarterly Journal of Economics, 1958. Disponível em: https://courses.cit.cornell.edu/econ335/out bator_qje.pdf. Acesso em 24 de junho de 2020.

[98] Consistem em falhas de mercados hipóteses de: Monopólios, assimetrias de informação, externalidades e bens públicos. BALDWIN, Robert; CAVE, Martin; LODGE, Martin. **Understanding Regulation: theory, strategy and practice.** Oxford: OUP, 2013, pp. 15-83.

[99] BAPTISTA, Patrícia; KELLER, Clara I., **Por que, quando e como regular as novas tecnologias? Os desafios trazidos pelas inovações disruptivas.** Rio de Janeiro: Revista de Direito Administrativo, 2016. Disponível em: http://bibliotecadigital.fgv.br/ojs/index.php/ rda/article/view/66659. Acesso em: 20 de junho de 2020.

Por outro lado, o Estado poderá decidir por interferir no ambiente econômico quando de situações em que os agentes privados incorrem em constantes desvios de lógica racional quanto às escolhas que realizam no mercado[100]. A doutrina da Economia Comportamental denomina esses desvios de falhas ou vieses cognitivos, tipificando-os de diversas formas, tal como ocorre no caso do viés denominado de *framing*.

Quanto à falha cognitiva *framing*, da obra *The framing of decisions and the psychology of choice*, Amos Tversky e Daniel Kahneman defendem de maneira divergente da teoria da escolha racional que as pessoas muitas vezes não vão realizar suas escolhas de acordo com aspetos racionais, mas segundo a forma com que as opções lhes são apresentadas como positivas ou negativas. Portanto, deixa-se de lado aspectos mais racionais como o risco da situação em jogo, o que pode ser objeto de utilização por agentes do mercado[101].

Ademais de todas a definições mencionadas acima, convém ressaltar a conceituação abrangente proposta pela autora Julia Black, a qual descreve que o conceito de regulação pode ser avaliado com base na existência das 5 (cinco) dimensões, a saber: i) O que é regulação; ii) Quem ou o que regula; iii) De qual forma ela se manifesta; iv) Atua com respeito a outros atores ou áreas; e v) Como é feita[102].

Nesse sentido, de forma a abarcar todos ou alguns aspectos dos conceitos trabalhados pelos demais autores, a autora vai propor no que diz respeito ao conceito de regulação, o aspecto de que esta pode

[100] Admite-se, portanto, como pressupostos fundamentais da economia: i) a ideia de que o mercado tende ao equilíbrio geral ótimo; ii) Os agentes individuais são racionais, ou seja, agem e devem agir na busca de seus interesses próprios". COOTER, Robert and ULEN, Tomas. **Law and Economics.** Berkeley Law Books, 2016, pp. 38-230. Disponivel em: h2p://scholarship.law.berkeley.edu/books/2. Acesso em 31 de dezembro de 2020.

[101] TVERSKY, Amos; KAHNEMAN, Daniel. **The framing of Decisions and the psychology of choice.** Washington: Science Magazine, 1981. Disponível em: <http://www.sciencemag.org>. Acesso em 27 de maio 2020.

[102] BLACK, Julia. **Decentring Regulation: Understanding the Role of Regulation and Self-Regulation in a 'Post- Regulatory' World.** The London School of Economics and Political Science, 2001. Disponível em: https://www.researchgate.net/publication/30527050_Decentring_Regulation_Understanding_the_Role_of_Regulation_and_Self-Regulation_in_a_%27Post-Regulatory%27_World. Acesso em 26 de novembro de 2020.

consistir em instrumento legal cujo processo corresponde ao controle, governo ou direção, à facilitação, coordenação, influência, concessão de padrão com relação a algum aspecto, constante prestação ou interpretação, constante alteração ou controle conforme determinado padrão ou meta.

Quanto a quem ou o que regula, a autora propõe os atores estatais e não estatais, as forças econômicas, as forças sociais e, por fim, a tecnologia. Tal manifestação se daria, respectivamente, por diversos meios como, por exemplo, as instituições estatais, associações não estatais, o mercado, normas e pela habilidade de manipulação da ambiência humana pela tecnologia.

Sob tal perspectiva, tomando-se como referência a atuação do Estado, entendido pela União, pelos estados, pelo Distrito Federal e pelos municípios, por meio da edição de normas de Direito Tributário, consubstanciado nos correlatos propósitos que respaldam o exercício do poder de tributar, e que tem como consequência o inevitável impacto na economia, passa-se à análise do que se admite como regulação tributária.

2.2. A Regulação Tributária

Tal como visto no que diz respeito à regulação, passando-se à análise do que se concebe como regulação tributária, fundamental uma maior compreensão dos elementos que compõem a citado conceito, dentre os quais os motivos autorizadores para a interferência pelo poder público na atividade privada por meio dos tributos, o que, conforme será descrito, tem espaço no âmbito do Estado Fiscal.

2.2.1. O Poder de Tributar no Estado Fiscal

Não obstante a atuação governamental pela tributação seja enxergada como coexistente ao aparato administrativo do mencionado modelo de governo do Estado Fiscal, verifica-se que o exercício de tal poder pela administração pública se desdobrou ao longo da história em níveis diferenciados de acordo com a alterações ocorridas nos respectivos argumentos de validade, o que se configura como fundamental para a compreensão da atuação regulatória pelo Estado pelo Direito Tributário dos dias de hoje.

2.2.1.1. Os Fundamentos do Poder de Tributar no Estado Fiscal

Passando-se aos fundamentos do poder estatal de instituir tributos para posteriormente se alcançar uma concepção de regulação tributária, convém mencionar que não obstante a exigência de prestações pecuniárias dos cidadãos pelo Estado não consista numa exclusividade da Idade Contemporânea, a respectiva configuração nos termos do que atualmente resta identificado como tributo é coexistente ao Estado Fiscal[103].

Em tais linhas, considerando as grandes revoluções do ocidente ocorridas no final do século XVII e a centralização do poder de captação das riquezas privadas na estrutura governamental, a literatura identifica o surgimento de uma perspectiva acerca dessas exações no sentido de atendimento a uma proposta de financiamento da instituição governamental para o alcance dos correlatos objetivos e obrigações perante os cidadãos[104-105].

Nesse sentido, encontrando validade numa proposta de concretização do bem-estar social em decorrência de uma expectativa de tratamento das necessidades coletivas dos cidadãos pelo aparato estatal, a instituição dos tributos passa a ser interpretada e aceita como um mecanismo de apoio das finanças de boa parte das nações da era contemporânea[106].

Da mesma forma afirma Klaus Tipke ao ressaltar o caráter de essencialidade das cobranças tributárias pelo Estado, fazendo menção à correspondente relevância para a consecução pela administração

[103] TORRES, Ricardo L. **O Poder de Tributar no Estado Democrático de Direito.** In: TÔRRES, Heleno Taveira (Coord.). Direito e Poder. Estudos em homenagem a Nelson Saldanha. São Paulo: Manole, 2005, p. 2.

[104] Neste trabalho, o conceito a ser aplicado quanto ao Estado fiscal consiste naquele elaborado por José Casalta Nabais, no que diz respeito ao formato de Estado "cujas necessidades financeiras são essencialmente cobertas por impostos.". NABAIS, José C. **O dever fundamental de pagar impostos: contributo para a compreensão constitucional do estado fiscal contemporâneo.** Coimbra: Almedina, 2004, p. 191.

[105] TORRES, Ricardo L. **O conceito constitucional de tributo.** TORRES, Heleno Tavares. (coord.). In: Teoria geral da obrigação tributária. São Paulo: Malheiros, p. 4.

[106] Ibid, p. 5.

pública das suas tarefas no interesse do proveitoso convívio de todos os cidadãos[107].

Sob uma perspectiva de elevado teor estadista, José Casalta Nabais assevera que a instituição dos tributos resta atrelada à existência de uma esfera cívica de liberdade e de igualdade, de maneira, portanto, que o pagamento dos tributos consiste em dever fundamental dos cidadãos assumido em função do pacto fundamental ou da magna carta dos diversos países[108].

Corroborando com tal visão por meio da identificação da sujeição da liberdade cívica à existência de dependências, os autores Stephen Holmes e Cass Sustein discorrem caber aos cidadãos celebrar a exigência da mencionada cobrança pelo Estado, entendendo a referida contribuição pecuniária como o valor pago para o usufruto dos benefícios oriundos da liberdade existente mediante a vida em uma sociedade civilizada[109].

De tal maneira, é possível verificar que o poder de tributar pelo poder público resta atualmente percebido de forma ampla na literatura como legitimamente atrelado à persecução de um bem-estar social advindo de cenário de concretização da liberdade e/ou da igualdade tão somente possível mediante a existência da estrutura institucional do Estado.

2.2.1.2. As Variações do Exercício do Poder de Tributar no Estado Fiscal

Muito embora a mencionada concepção de vinculação do poder de tributar à existência do Estado moderno e à materialização das esferas da liberdade e da igualdade se coloque como aparentemente pacífica na literatura, observa-se, por outro lado, que o correspondente exercício não se deu

[107] TIPKE, Klaus; YAMASHITA, Douglas. **Justiça fiscal e princípio da capacidade contributiva**. São Paulo: Malheiros, 2002, p. 13.

[108] NABAIS, José C. **O dever fundamental de pagar impostos: contributo para a compreensão constitucional do estado fiscal contemporâneo**. Coimbra: Almedina, 2004, p. 20.

[109] HOLMES, Stephan; SUNSTEIN, Cass R. **Why we should celebrate paying taxes.** Chicago: Chicago Tribune, 1999. Disponível em: < http://home.uchicago.edu/~csunstei/celebrate.html>. Acesso em 20 de junho de 2020.

de maneira uniforme ao longo da história, uma vez que o pensamento tributário que lhe oferece sustento apresentou variações substanciais no contexto do Estado fiscal[110].

Ricardo Lobo Torres afirma que pela dialética entre a liberdade e o poder de tributar, o Estado Fiscal se manifestou pela via tributária de maneiras distintas ao longo do tempo, assumindo a forma liberal clássica do Estado Patrimonial nos séculos XVIII a XIX, quando dos estágios iniciais da inserção do poder de tributar nas Constituições; o modelo social do século XX, com a noção de um forte intervencionismo do Estado nas atividades privadas; e o atual formato que se admite como uma manifestação financeira do Estado Democrático de Direito[111-112].

Nesse sentido, convém notar que a doutrina vai apresentar inúmeras justificativas para a deflagração do que se descreve como oscilação do pensamento tributário e, consequentemente, dos distintos graus de preponderância que a tributação vai assumir em detrimento da liberdade, tal como se observa por meio do trabalho de Thomas Piketty.

Assim, por meio de relevante análise realizada na obra denominada *Capital e Ideologia*, o economista francês adota o entendimento de que aplicação da tributação em seus diferentes níveis de intervenção de propriedade decorre da variação nas interpretações do conceito de propriedade de acordo com os diferentes períodos ou modelos de Estado Fiscal.

Segundo Piketty, portanto, ao longo da Revolução Francesa de 1789, não obstante a abolição de privilégios da nobreza, o conceito

[110] SANTOS, Flavio M. **Liberalismo e Estado Fiscal**. R. EMERJ, Rio de Janeiro, 2014. Disponível em: https://www.emerj.tjrj.jus.br/revistaemerj_online/edicoes/revista66/revista66_138.pdf. Acesso em 20 de junho de 2020.

[111] TORRES, Ricardo L. **O Poder de Tributar no Estado Democrático de Direito**. In: TÔRRES, Heleno Taveira (Coord.). Direito e Poder. Estudos em homenagem a Nelson Saldanha. São Paulo: Manole, 2005, pp. 2-3.

[112] "A ideia de Estado fiscal tem por fundamento o dualismo Estado e sociedade, no qual o Estado se preocupa com a política e a sociedade com a economia, em maior ou menor intensidade de separação conforme a modalidade de Estado social/liberal". STOBE, LUCIANE A. F. **Estado Fiscal e Cidadania Solidária: A Vinculação da Receita Tributária Às Esferas Locais de Poder.** Tese (doutorado). Centro de Ciências Jurídica. Programa de Pós-Graduação em Direito. Universidade Federal de Santa Catarina, 2016.

de propriedade privada permanecia questionável, muito em virtude do exercício da propriedade de escravos, passando para, entre 1800 e 1914, tornar-se inquestionável em virtude de receio do estabelecimento de desordem advindo de possível desvalorização do Direito de Propriedade.

Posteriormente, no período entre as guerras mundiais, no século XX, o autor sugere uma transição entre o que denomina de "proprietarismo desigualitário" do período anterior e não regulado do século XIX, e uma era socialdemocrata do período de pós-guerra, na qual resta adotada uma perspectiva de fiscalidade progressiva, com impostos altos e sistemas de proteção social avançados mormente no que diz respeito aos Estados Unidos da América e as potências da Europa.

A partir da década de 80, entretanto, em face da decadência do predito modelo de governança pública, o que tem como marcos a revolução de Reagan e a queda do bloco soviético, Thomas Piketty faz menção ao crescimento do viés das capacidades individuais, que, segundo ele, passa a servir de justificativa para a existência de diferenças sociais e de uma ideologia desigualitária atinente a um hipercapitalismo. Tal perspectiva, segundo ele, vai moldar a tributação no contexto do Estado Democrático de Direito[113].

Assim, por meio de leitura do Direito Tributário como instrumento para a concretização de valores, nota-se como possível a constatação de que os debates acerca dos direitos que irão prevalecer na tributação e que acabam por respaldar a atuação da administração pública pela tributação se verificam por meio da dialética entre os extremos dos pensamentos Fiscal e Individualista, tal como pontua Paulo Caliendo[114].

Conforme Caliendo, tais debates traçam o paradigma da ordem e do indivíduo, ora prevalecendo o interesse público ou a liberdade individual, ora o valor da igualdade, ora a liberdade, ora o dever fundamental de pagar tributos, ora o direito fundamental à dignidade, ora a justiça fiscal pela redistributividade, ora a distributividade, ora o valor social da cooperação ou da competição, ora a justiça fiscal e social ou a neutralidade fiscal, ora

[113] PIKETTY, Thomas. **Capital and ideology**. Cambridge, Mass.: The Belknap Press of Harvard University Press, 2020, p. 1093.

[114] CALIENDO, Paulo. **Direito Tributário e Análise Econômica do Direito: uma visão crítica**. Rio de Janeiro: Elsevier, 2009, p. 235.

o modelo de Estado interventor, ora o regulador, ora a ação estatal por intervenções verticais ou horizontais[115].

2.2.1.3. O Poder de Tributar no Estado Democrático Fiscal Brasileiro

Por essas considerações feitas sobre a variação do pensamento tributário, da alternância dos níveis de exercício do poder de tributar e dos debates a ele atrelados ao longo dos distintos momentos do Estado fiscal, identifica-se a perspectiva de acréscimo na valorização de direitos corporificada principalmente com base no discurso da liberdade e da limitação ao poder de tributar no modelo de Estado que atualmente se dá na maioria das nações, qual seja, o formato democrático.

Sob tais linhas, entende-se que a ocorrência desse modelo de governança em momento posterior à crise do Estado social[116], a qual em boa parte resta justificada pela adoção de longo rol de encargos pelo poder público e por uma correlata e, diga-se, excessiva intervenção governamental na economia, vai implicar viés protetivo tanto quanto à entrega pelo Estado de uma concretude quanto a direitos fundamentais diversos como também quanto à limitação do exercício excessivo do poder de tributar pelo Estado.

Nesse sentido, a literatura afirma que tal modelo de Estado passa, portanto, a adotar as perspectivas de direitos, mas se mantendo também de forma consistente com uma proposta liberal, nos seguintes termos:

> Com todos esses fatores, a instalação do Estado Democrático e Social de Direito consolida-se, conserva características do Estado Social, amortece a intervenção do Estado, mas, por outro lado, regride em termos de política fiscal. Tal retrocesso decorre da influência da política fiscal dos governos dos

[115] Id.

[116] A doutrina diverge acerca dos motivos da falência do Estado Social ou Welfare State. Nesse sentido, conforme Samir Amin: "A razão principal reside na contradição existente entre o modo de produção capitalista e tal configuração do Estado. Ou seja, entre a pura lógica da valorização do capital, de um lado, e a reprodução da força de trabalho e, mais amplamente, da própria sociedade, de outro". Tradução livre. AMIN, Samir. **Capitalismo, imperialismo, mundialização.** In: SEOANE, J.; TADDEI, E. Resistencias mundiales. Buenos Aires: CLACSO, 2001, pp. 15-29. Disponível em: http://bibliotecavirtual.clacso.org.ar/clacso/se/20100726091549/2amin.pdf. Acesso em 31 de dezembro de 2020.

Estados Unidos (Ronald Reagan), da Inglaterra (Margaret Thatcher), que difundem as ideias de um novo liberalismo. É nessa vertente que as transformações do capitalismo, a partir de 1930, influenciam também o nosso País a se posicionar como Estado tributário e fiscal[117].

Quanto ao Brasil, especificamente, tal como se vislumbra em boa parte dos países capitalistas, os ideais liberais acabam por influenciar o contexto da elaboração da atual Constituição da República Federativa do Brasil (CRFB), de maneira que a escolha dos direitos a serem protegidos pelo legislador constituinte permanecem alinhados com um viés de equilíbrio financeiro da atuação estatal por meio da intervenção na economia, incluindo-se no que diz respeito à atividade tributária.

Nesse sentido, importa mencionar a leitura sobre o correspondente momento do Estado fiscal no sentido de que o nascimento da tributação se dá no espaço aberto para a liberdade, configurando-se como uma ressalva aos direitos de propriedade e da liberdade de iniciativa previstos nos incisos XXII e XXIII, do art. 5º, da CRFB, o que se configura como base econômica para a imposição fiscal, conforme afirma Ricardo Lobo Torres[118].

Dessa maneira, identificando-se a deflagração de configuração constitucional avessa a uma noção de tributação percebida como expropriante[119], convém notar que o legislador constituinte brasileiro tratou de desenhar o sistema tributário brasileiro por meio do artigo 145, de acordo com um enquadramento de competência para tributar dos entes federativos por meio dos artigos 153 a 156 e das correlatas limitações por meio dos artigos 150 a 152, todos da CRFB.

[117] PESSOA, Maria A. P. P. **Estado Fiscal e Tributário: Perspectivas educativas.** Dissertação (Mestrado em Política Pública e Sociedade). Universidade Estadual do Ceará, 2008. Disponível em: http://www.uece.br/politica suece/dmdocuments/maria_auxiliadoraparente_paula_pessoa %5B1%5D.pdf. Acesso em 17 de janeiro de 2021.

[118] TORRES, Ricardo. **O conceito constitucional de tributo.** TORRES, Heleno Tavares. (coord.). In: Teoria geral da obrigação tributária. São Paulo: Malheiros, p. 8.

[119] BRENNAN, Geoffrey; BUCHANAN, James. **The Logic of Tax Limits: Alternative Constitutional Constraints on the Power to Tax.** National Tax Journal, 1979. Disponivel em: https://www-jstor-org.sbproxy.fgv.br/stable/pdf/41863151.pdf?refreqid=excelsior%3Ab949ecaaefa8af614e83eb3590b14f04. Acesso em: 31 de dezembro de 2020.

Assim, observa-se nos incisos dos artigos 145, 148 e 149, da CRFB, que o legislador constituinte dispôs cautelosamente sobre as espécies tributárias passíveis de instituição no âmbito do sistema tributário brasileiro, quais sejam, os impostos, as taxas, as contribuições de melhoria, os empréstimos compulsórios e as contribuições especiais[120-121], tratando expressamente de correlacionar o aludido pagamento com a capacidade contributiva dos cidadãos.

Da mesma forma, nota-se por meio da leitura dos artigos 153 a 156[122], que o legislador constituinte vai dispor categoricamente sobre a compe-

[120] "Artigo 145 – A União, os Estados, o Distrito Federal e os Municípios poderão instituir os seguintes tributos:
I – Impostos; II – taxas, em razão do exercício do poder de polícia ou pela utilização, efetiva ou potencial, de serviços públicos específicos e divisíveis, prestados ao contribuinte ou postos a sua disposição; III – contribuição de melhoria, decorrente de obras públicas. § 1º Sempre que possível, os impostos terão caráter pessoal e serão graduados segundo a capacidade econômica do contribuinte, facultado à administração tributária, especialmente para conferir efetividade a esses objetivos, identificar, respeitados os direitos individuais e nos termos da lei, o patrimônio, os rendimentos e as atividades econômicas do contribuinte. § 2º As taxas não poderão ter base de cálculo própria de impostos". **Constituição da República Federativa do Brasil de 1988.** Brasília, DF: Presidência da República, [2020]. Disponível em: http://www.planalto.gov.br/ccivil_03/constituição/con stituicao.htm. Acesso em: 24 de junho de 2020.

[121] "Artigo 148 – A União, mediante lei complementar, poderá instituir empréstimos compulsórios: I – para atender a despesas extraordinárias, decorrentes de calamidade pública, de guerra externa ou sua iminência; II – no caso de investimento público de caráter urgente e de relevante interesse nacional, observado o disposto no art. 150, III, b". "Art. 149 – Compete exclusivamente à União instituir contribuições sociais, de intervenção no domínio econômico e de interesse das categorias profissionais ou econômicas, como instrumento de sua atuação nas respectivas áreas, observado o disposto nos artigos 146, III, e 150, I e III, e sem prejuízo do previsto no art. 195, § 6º, relativamente às contribuições a que alude o dispositivo". **Constituição da República Federativa do Brasil de 1988.** Brasília, DF: Presidência da República, [2020]. Disponível em: http://www.planalto.gov.br/ccivil_03/constituição /constituicao.htm. Acesso em: 24 de junho de 2020.

[122] O caput e os incisos dos artigos 153 a 156 consistem nos seguintes: "Artigo 153 – Compete à União instituir impostos sobre: I – importação de produtos estrangeiros; II – exportação, para o exterior, de produtos nacionais ou nacionalizados; III – renda e proventos de qualquer natureza; IV – produtos industrializados; V – operações de crédito, câmbio e seguro, ou relativas a títulos ou valores mobiliários; VI – propriedade territorial rural; VII – grandes fortunas, nos termos de lei complementar. Artigo 154 – A União poderá instituir: I – mediante lei complementar, impostos não previstos no artigo anterior, desde que sejam não cumulativos e não tenham fato gerador ou base de cálculo próprios dos discriminados nesta Constituição; II

tência dos entes federativos, quais sejam, a União, os estados, o Distrito Federal e os municípios para o exercício desse poder de instituição de cobranças das espécies tributárias previstas nos artigos 145, 148 e 149, aos cidadãos enquadrados conforme os distintos fatos geradores também expressamente delimitados no texto constitucional[123].

Paralelamente a tais disposições, o que se observa como um oposto fiscal da Declaração dos Direitos Fundamentais do art. 5º, da mesma CRFB, verifica-se que nos artigos 150 a 152, o legislador constituinte brasileiro abordou a limitação ao poder de tributar, o que conforme a doutrina vai refletir uma preocupação com a ocorrência de abusos no contexto da atuação do Fisco em detrimento dos cidadãos-contribuintes, controle este, conforme entende Hugo de Brito Machado, que consiste na finalidade do Direito Tributário[124].

2.2.1.4. As Limitações ao Poder de Tributar no Estado Democrático Fiscal Brasileiro

Por meio da predita visão de teor estadista arraigado de José Casalta Nabais sobre o dever fundamental dos contribuintes de pagarem tributos, Heleno Torres tece observações no sentido de que a respectiva leitura

– na iminência ou no caso de guerra externa, impostos extraordinários, compreendidos ou não em sua competência tributária, os quais serão suprimidos, gradativamente, cessadas as causas de sua criação. Artigo 155 – Compete aos Estados e ao Distrito Federal instituir impostos sobre: I – transmissão causa mortis e doação, de quaisquer bens ou direitos; II – operações relativas à circulação de mercadorias e sobre prestações de serviços de transporte interestadual e intermunicipal e de comunicação, ainda que as operações e as prestações se iniciem no exterior; III – propriedade de veículos automotores. Artigo 156 – Compete aos Municípios instituir impostos sobre: I – propriedade predial e territorial urbana; II – transmissão Inter vivos, a qualquer título, por ato oneroso, de bens imóveis, por natureza ou acessão física, e de direitos reais sobre imóveis, exceto os de garantia, bem como cessão de direitos a sua aquisição; III – serviços de qualquer natureza, não compreendidos no art. 155, II, definidos em lei complementar". **Constituição da República Federativa do Brasil de 1988.** Brasília, DF: Presidência da República, [2020]. Disponível em: http://www.planalto.gov.br/ccivil_03/constituição /constituicao.htm. Acesso em: 24 de junho de 2020.

[123] **Constituição da República Federativa do Brasil de 1988.** Brasília, DF: Presidência da República, [2020]. Disponível em: http://www.planalto.gov.br/ccivil_03/constituição / constituicao.htm. Acesso em: 24 de junho de 2020.

[124] MACHADO, Hugo de Brito. **Curso de Direito Tributário.** Editora Malheiros, 2001, pp. 35-36.

de modo isolado pode levar à equivocada conclusão de que o Estado Democrático de Direito imporia ao seu cidadão uma sujeição permanente ao pagamento de exações tributárias[125].

Dessa forma, conforme pontua Aliomar Baleeiro, a leitura dos tributos sob o enfoque das limitações impostas constitucionalmente em detrimento das liberdades pode ser feita por meio do estudo das imunidades, dos princípios constitucionais e do próprio sistema tributário, restando este último relacionado aos "freios e amortecedores" do sistema tributário para fins de limitação dos excessos da tributação no que diz respeito à economia e aos direitos individuais[126].

Assim, com relação às imunidades, Baleeiro aduz consistirem estas em limitações ao poder de tributar por meio de restrições impostas pela CRFB para a própria criação de tributos acerca dos direitos de liberdade, a exemplo de como se verifica a imunidade recíproca quanto ao patrimônio, à renda e aos serviços uns dos outros e de determinados entes como fundações, entidades sindicais e instituições de educação, conforme as alíneas do artigo 150, inciso IV, da CRFB[127].

[125] TORRES, Heleno T. **Direito Constitucional Tributário e segurança jurídica: metódica da segurança jurídica do sistema constitucional tributário**. São Paulo: Revista dos Tribunais, 2011, p. 332.

[126] "O sistema tributário como um todo movimenta-se sob complexa aparelhagem de freios e amortecedores, que limitam os excessos acaso detrimentosos à economia e à preservação do regime e dos direitos individuais". BALEEIRO, Aliomar. **Limitações constitucionais ao poder de tributar**. 8a. edição. Misabel Abreu Machado Derzi (atualizadora). Rio de Janeiro: Forense, 2010, p. 2.

[127] Nos termos do artigo 150, a saber: "Sem prejuízo de outras garantias asseguradas ao contribuinte, é vedado à União, aos Estados, ao Distrito Federal e aos Municípios: VI – instituir impostos sobre: a) patrimônio, renda ou serviços, uns dos outros; b) templos de qualquer culto; c) patrimônio, renda ou serviços dos partidos políticos, inclusive suas fundações, das entidades sindicais dos trabalhadores, das instituições de educação e de assistência social, sem fins lucrativos, atendidos os requisitos da lei; d) livros, jornais, periódicos e o papel destinado a sua impressão. e) fonogramas e videofonogramas musicais produzidos no Brasil contendo obras musicais ou literomusicais de autores brasileiros e/ou obras em geral interpretadas por artistas brasileiros bem como os suportes materiais ou arquivos digitais que os contenham, salvo na etapa de replicação industrial de mídias ópticas de leitura a laser". **Constituição da República Federativa do Brasil de 1988.** Brasília, DF: Presidência da República, [2020]. Disponível em: http://www.planalto.gov.br/ccivil_03/constituição /constituicao.htm. Acesso em: 24 de junho de 2020.

No que concerne às limitações do poder de tributar por conta dos princípios dispostos pelo legislador constituinte, o autor faz menção ao estabelecimento de relevantes premissas à instituição dos tributos como os princípios da legalidade, da isonomia, da irretroatividade, da anterioridade, da noventena, da vedação ao confisco, da liberdade de tráfego de pessoas ou bens, nos termos do artigo 150, incisos, I, II, III, IV e V, da CRFB[128].

Assim, percebe-se que, respectivamente, o legislador constituinte proibiu a conduta de exigir ou aumentar tributo sem lei que o estabeleça, de tratar desigualmente contribuintes em mesma situação, de cobrar tributo sobre fato gerador anterior à vigência da lei, de cobrar tributo no exercício financeiro da lei instituidora, de cobrar tributo antes de 90 (noventa) dias da publicação da norma, de usar tributo com efeito de confisco ou de limitar o tráfego de bens e pessoas, exceto por pedágio em vias administradas pelo poder público, dentre outros.

Por fim, quanto à concepção de limitação do exercício do poder de tributar pelo Estado em virtude do próprio sistema tributário nacional ou por conta de uma sistematicidade ou ordem instituída na constituição, nota-se a abordagem feita pela literatura no sentido de que o poder de tributar deve ser exercido mediante a observância da limitação de excessos relativamente a direitos individuais e a conceitos oriundos da economia, o que será avaliado com maior profundidade a seguir.

[128] Nos termos do artigo 150, a saber: "Sem prejuízo de outras garantias asseguradas ao contribuinte, é vedado à União, aos Estados, ao Distrito Federal e aos Municípios: I – exigir ou aumentar tributo sem lei que o estabeleça; II – instituir tratamento desigual entre contribuintes que se encontrem em situação equivalente, proibida qualquer distinção em razão de ocupação profissional ou função por eles exercida, independentemente da denominação jurídica dos rendimentos, títulos ou direitos; III – cobrar tributos: a) em relação a fatos geradores ocorridos antes do início da vigência da lei que os houver instituído ou aumentado; b) no mesmo exercício financeiro em que haja sido publicada a lei que os instituiu ou aumentou; c) antes de decorridos noventa dias da data em que haja sido publicada a lei que os instituiu ou aumentou, observado o disposto na alínea b; IV – utilizar tributo com efeito de confisco; V – estabelecer limitações ao tráfego de pessoas ou bens, por meio de tributos interestaduais ou intermunicipais, ressalvada a cobrança de pedágio pela utilização de vias conservadas pelo poder público; **Constituição da República Federativa do Brasil de 1988.** Brasília, DF: Presidência da República, [2020]. Disponível em: http://www.planalto.gov.br/ccivil_03/constituição /constituicao.htm. Acesso em: 24 de junho de 2020.

2.2.1.4.1. A Racionalidade Econômica como Fator de Limitação Sistêmica ao Poder de Tributar no Estado Democrático Fiscal Brasileiro

Não obstante a Constituição concentre as disposições sobre as competências da União, dos estados, do Distrito Federal e dos municípios para o exercício do poder de tributar, tratando, ainda, de reservar as possibilidades de limitação do correspondente exercício pelos entes federativos e de abordar matérias relevantes à lei complementar, por meio dos incisos I, II e III, do artigo 146, percebe-se que o sistema tributário brasileiro acaba por se configurar como uma legislação bastante complexa[129].

Embora as disposições sobre normas gerais em matéria de legislação tributária, como a definição de tributos e de suas espécies, os fatos geradores, bases de cálculo e contribuintes, restem concentradas em maior parte na Lei 5.172/66, o Código Tributário Nacional (CTN)[130], com base no artigo 96 e no inciso I, do artigo 100, do CTN, a composição do sistema e do que se entende como legislação tributária vai englobar leis, tratados, convenções internacionais, decretos e os atos editados pelas autoridades administrativas dos distintos entes federativos[131].

[129] "Art. 146 – Cabe à lei complementar: I – dispor sobre conflitos de competência, em matéria tributária, entre a União, os Estados, o Distrito Federal e os Municípios II – regular as limitações constitucionais ao poder de tributar; III – estabelecer normas gerais em matéria de legislação tributária, especialmente sobre: a) definição de tributos e de suas espécies, bem como, em relação aos impostos discriminados nesta Constituição, a dos respectivos fatos geradores, bases de cálculo e contribuintes; b) obrigação, lançamento, crédito, prescrição e decadência tributários; c) adequado tratamento tributário ao ato cooperativo praticado pelas sociedades cooperativas; d) definição de tratamento diferenciado e favorecido para as microempresas e para as empresas de pequeno porte, inclusive regimes especiais ou simplificados no caso do imposto previsto no art. 155, II, das contribuições previstas no art. 195, I e §§ 12 e 13, e da contribuição a que se refere o art. 239.

[130] Lei nº 5. 172, de 25 de outubro de 1966. Disponível em http://www.planalto.gov.br/ccivil_03/leis/ l5172com pilado.htm. Acesso em 01 de janeiro de 2021.

[131] Nos termos do artigo 96, vê-se que: Artigo 96: "A expressão "legislação tributária" compreende as leis, os tratados e as convenções internacionais, os decretos e as normas complementares que versem, no todo ou em parte, sobre tributos e relações jurídicas a eles pertinentes". Já no inciso I, do artigo 100, do CTN: "São normas complementares das leis, dos tratados e das convenções internacionais e dos decretos: I – os atos normativos expedidos pelas autoridades administrativas". Lei nº 5. 172, de 25 de outubro de 1966. Disponível em http://www.planalto.gov.br/ccivil_03/leis/l5172compila do.htm. Acesso em 01 de janeiro de 2021".

Considerando-se, entretanto, que os fundamentos do poder de tributar restam dispostos na CRFB, Tercio Ferraz Júnior afirma ser mandatória a compatibilização ou a coerência dos preceitos e disposições das inúmeras normas tributárias com a vontade, as razões ou a racionalidade esboçada pelo legislador constituinte. Para ele, portanto, tal posicionamento diz respeito à existência de um pressuposto epistemológico de racionalidade para as referidas normas e disposições tributárias[132].

Quanto às implicações da referida constatação, observa-se que Paulo Caliendo cuida de ressaltar a importância dos elementos escolhidos para a composição da Constituição Federal, afirmando ser o texto constitucional um arcabouço de normas densas de conteúdo material, de finalidades e estados de coisas a serem alcançados com base em meios pré-determinados como apropriados para fins de alcance dos propósitos de uma sociedade democrática[133].

Nesse sentido, importa ressaltar o conceito de constituição abordado pela literatura sob o viés da economia, tal como afirma Vital Martins Moreira acerca da denominada constituição econômica, o qual trata de enquadrar a CRFB como um conjunto de preceitos e instituições jurídicas que se prestam a funcionar alinhados com determinada forma de organização e funcionamento da economia, constituindo, portanto, uma ordem econômica concreta[134].

Assim, convém ressaltar que a valorização de uma ordem econômica pelo legislador constituinte resta expressamente mencionada quando do estabelecimento dos propósitos fundamentais da República Federativa do Brasil por este no artigo 3º, da CRFB, a saber[135]:

> Artigo 3. "Constituem objetivos fundamentais da República Federativa do Brasil: I – construir uma sociedade livre, justa e solidária; II – garantir

[132] FERRAZ JÚNIOR, Tercio Sampaio. **Direito Constitucional: Liberdade de fumar, privacidade, Estado, direitos humanos e outros temas**. São Paulo: Manole, 2007, p. 53.

[133] CALIENDO, Paulo. **Direito Tributário e Análise Econômica do Direito: uma visão crítica**. Rio de Janeiro: Elsevier. 2009, p. 229.

[134] MOREIRA, Vital M. **Economia e Constituição**: para o conceito de Constituição econômica. Coimbra: Faculdade de Direito, 1974, p. 41.

[135] SCAFF, Fernando F. Efeitos da Coisa Julgada em Matéria Tributária e Livre Concorrência. In: ROCHA, Valdir de Oliveira (Coord.). **Grandes Questões Atuais do Direito Tributário: 9º volume**. São Paulo: Dialética, 2005, p 115.

o desenvolvimento nacional; III – erradicar a pobreza e a marginalização e reduzir as desigualdades sociais e regionais; IV – promover o bem de todos, sem preconceitos de origem, raça, sexo, cor, idade e quaisquer outras formas de discriminação.

De maneira, portanto, a indicar os meios para fins de alcance ou concretização dessa realidade de desenvolvimento nacional, percebe-se que o legislador constituinte cuidou de estabelecer que a atuação governamental nas atividades privadas deve ter, em regra, caráter de menor intervenção na liberdade econômica dos agentes privados, nos termos do já mencionado artigo 174, da CRBF, da seguinte forma:

> Como agente normativo e regulador da atividade econômica, o Estado exercerá, na forma da lei, as funções de fiscalização, incentivo e planejamento, sendo este determinante para o setor público e indicativo para o setor privado[136].

Admitindo-se, portanto, que tal visão a ser adotada ao longo da respectiva atuação enquanto agente regulador e normativo diz respeito à adoção da premissa da liberdade de iniciativa, como regra[137], convém mencionar o disposto no parágrafo único, do artigo 170, da CRFB, acerca da imperiosidade do respeito ao livre exercício de qualquer atividade econômica, nos seguintes termos:

> Art. 170. A ordem econômica, fundada na valorização do trabalho humano e na livre iniciativa, tem por fim assegurar a todos existência digna, conforme os ditames da justiça social, observados os seguintes princípios: [...]
>
> Parágrafo único. É assegurado a todos o livre exercício de qualquer atividade econômica, independentemente de autorização de órgãos públicos, salvo nos casos previstos em lei[138].

[136] **Constituição da República Federativa do Brasil de 1988.** Brasília, DF: Presidência da República, [2020]. Disponível em: http://www.planalto.gov.br/ccivil_03/constituição / constituicao.htm. Acesso em: 24 de junho de 2020.

[137] SCAFF, Fernando F. Efeitos da Coisa Julgada em Matéria Tributária e Livre Concorrência. In: ROCHA, Valdir de Oliveira (Coord.). **Grandes Questões Atuais do Direito Tributário**: 9º volume. São Paulo: Dialética, 2005, p 115.

[138] **Constituição da República Federativa do Brasil de 1988.** Brasília, DF: Presidência da República, [2020]. Disponível em: http://www.planalto.gov.br/ccivil_03/constituição / constituicao.htm. Acesso em: 24 de junho de 2020.

Dessa forma, importa citar o que dispõe ao parágrafo 4º, do artigo 173, da CRFB, no sentido de caber ao Estado quando de sua atuação normativa e regulatória não só observar a liberdade de inciativa abstendo-se ou limitando a sua atuação, como também no que concerne a uma atuação positiva de coibir a criação de monopólios e de posições dominantes no mercado[139].

> Art. 173. Ressalvados os casos previstos nesta Constituição, a exploração direta de atividade econômica pelo Estado só será permitida quando necessária aos imperativos da segurança nacional ou a relevante interesse coletivo, conforme definidos em lei. [...]
> § 4º A lei reprimirá o abuso do poder econômico que vise à dominação dos mercados, à eliminação da concorrência e ao aumento arbitrário dos lucros[140].

Conforme aduz Fernando Scaff, tal disposição tem conteúdo relacionado à criação de condições necessárias para a implementação efetiva do princípio da livre concorrência, que se verifica como atinente à promoção da igualdade no contexto econômico, objetivo este alinhado no contexto tributário de acordo com um aspecto positivo da redistribuição de receita[141], nos termos do que estabelece o parágrafo 1º, do artigo 145, da CRFB, que trata da capacidade contributiva[142]:

> Art. 145. A União, os Estados, o Distrito Federal e os Municípios poderão instituir os seguintes tributos: [...] § 1º Sempre que possível, os impostos terão

[139] SCAFF, Fernando F. Efeitos da Coisa Julgada em Matéria Tributária e Livre Concorrência. In: ROCHA, Valdir de Oliveira (Coord.). **Grandes Questões Atuais do Direito Tributário**: 9º volume. São Paulo: Dialética, 2005, p 115.

[140] **Constituição da República Federativa do Brasil de 1988.** Brasília, DF: Presidência da República, [2020]. Disponível em: http://www.planalto.gov.br/ccivil_03/constituição / constituicao.htm. Acesso em: 24 de junho de 2020.

[141] AVI-YONAH, Reuven S. **The Three Goals of Taxation.** University of Michigan Tax Law Review. 60, no1. Michigan, 2006, p.12. Disponível em: https://repository.law.umich.edu/cgi/viewcontent.cgi?Article =1039& context=articles. Acesso em 05 de dezembro de 2020.

[142] **Constituição da República Federativa do Brasil de 1988.** Brasília, DF: Presidência da República, [2020]. Disponível em: http://www.planalto.gov.br/ccivil_03/constituição / constituicao.htm. Acesso em: 24 de junho de 2020.

caráter pessoal e serão graduados segundo a capacidade econômica do contribuinte, facultado à administração tributária, especialmente para conferir efetividade a esses objetivos, identificar, respeitados os direitos individuais e nos termos da lei, o patrimônio, os rendimentos e as atividades econômicas do contribuinte.

No que diz respeito ao sistema tributário, a literatura pontua que para fins de compatibilização com as mencionadas premissas econômicas existentes na CRFB, é fundamental a constatação da necessidade de freios e mecanismos de controle e de adequação da seara da economia em vias de possibilitar uma interação apropriada entre o sistema tributário e o sistema econômico.

Acerca da relação entre a tributação e a ordem econômica, Luís Eduardo Schoueri afirma que pela tributação fazer parte da economia, fundamental às normas de Direito Tributário apresentarem coerência com os preceitos econômicos, submetendo-se a eles. Para o autor, uma vez que a lei tributária reflete na conjuntura econômica, cabe a ela não mais se justificar apenas por argumentos extraídos da doutrina tributária, como também nos critérios da doutrina econômica[143].

Tal como aduzem André Mendes Moreira e Sophia Machado, tendo em vista que o desafio do atual modelo de Estado Tributário, o Distribuidor, é de manter o seu *status quo*, de forma a atender às necessidades dos cidadãos e, ao mesmo tempo, assegurar uma certeza, justiça, praticidade e economicidade na tributação[144], é possível que se conclua que a busca pela racionalidade ou efetividade das normas públicas tributárias em tal sentido é fator essencial à legitimidade de sua atuação, o que, entretanto, não parece ser uma tarefa fácil.

Em tais linhas, Ricardo Lobo Torres ressalta que o Estado Democrático Fiscal, surgido da crise do Estado Social dos anos 70, ainda não encontrou a plena racionalidade jurídica e econômica do seu sistema tributário, de

[143] SCHOUERI, Luís Eduardo. **Normas Tributárias Indutoras e Intervenção Econômica.** Rio de. Janeiro: Forense, 2005, p. 87.

[144] MOREIRA, André M.; MACHADO, Sophia G. R. **Conceito de tributo e sua divisão em espécies.** Revista Fórum de Direito Tributário, 2015, pp. 71-90. Disponível em: https://sachacalmon.com.br/wp-content/uploads/20 16/07/2015-Conceito-de-tributo-e-sua-divisao-em-especi es-RFDT-761.pdf. Acesso em 15 de janeiro de 2021.

forma a prejudicar sensivelmente a liberdade individual[145], o que, como se viu, se dá concretamente no âmbito da liberdade de iniciativa e da liberdade de concorrência no mercado.

No que concerne à racionalidade econômica, Torres afirma, portanto, que o poder de tributar resta autolimitado pelo sistema tributário nacional, ou seja, por um conglomerado de imposições que tem como racional a incidência sobre os fatos econômicos, de maneira que não obstante a repartição de competências resta possível que se realize leitura acerca da respectiva racionalidade econômica e sistematização conforme os campos de criação de riqueza[146].

Por fim, o autor menciona o fato de que, não só no Brasil, onde se verifica clara problemática de emaranhado de normas editadas pelos distintos entes federativos, os economistas e os juristas ainda buscam novos modelos tributários, ou seja, sistemas de tributação adaptados não só a uma perspectiva de liberdade, mas compatíveis com uma cidadania fiscal e nova realidade mercadológica da informática e da globalização[147].

Dessa forma, acerca da mencionada racionalidade econômica como fator de limitação ao poder de tributar pelo sistema tributário, Paulo Caliendo trata como postulados de uma teoria sistêmica da tributação, a observância de que: i. a tributação consiste em fenômeno intersistêmico que envolve política, economia e o direito; ii. o sistema tributário consiste em resultado das trocas entre os subsistemas da sociedade; iii. as trocas entre os subsistemas deverão ser feitas de maneira equilibrada, de maneira a não haver corrupção do sistema, ou seja, a imposição de um subsistema sobre o outro; e iv. A neutralidade fiscal e a capacidade contributiva consistiriam no modo como o sistema jurídico deve proceder para o correto filtro das informações advinda do subsistema econômico para a tributação[148].

[145] TORRES, Ricardo L. **O Poder de Tributar no Estado Democrático de Direito.** In: TÔRRES, Heleno Taveira (Coord.). Direito e Poder. Estudos em homenagem a Nelson Saldanha. São Paulo: Manole, 2005, p. 10.

[146] TORRES, Ricardo L. **O Poder de Tributar no Estado Democrático de Direito.** In: TÔRRES, Heleno Taveira (Coord.). Direito e Poder. Estudos em homenagem a Nelson Saldanha. São Paulo: Manole, 2005, p. 10.

[147] Id.

[148] CALIENDO, Paulo. **Direito Tributário e Análise Econômica do Direito: uma visão crítica.** Rio de Janeiro: Elsevier. 2009, p. 7.

Assim, considerando a perspectiva de tributação acima descrita por Paulo Caliendo com respaldo em elementos de integração entre os subsistemas do Direito Tributário e da Economia, passa-se à análise dos recentes avanços no movimento de busca pelo incremento de racionalidade econômica no contexto de atuação governamental regulatória e normativa no Brasil.

2.2.1.4.2. A Busca pelo Incremento da Racionalidade Econômica no âmbito da Atuação Regulatória e Normativa do Estado no Brasil

Corroborando com o entendimento sobre a racionalidade econômica consistir em fator limitante da tributação, verifica-se que, de uma maneira ampla, vem se apresentando como crescente a preocupação do legislador infraconstitucional com as garantias de livre mercado, o que se deu no contexto da instituição da Declaração de Direitos de Liberdade Econômica, promulgada por meio da Lei 13.874/2019[149].

Para tanto, reforçando a perspectiva da liberdade como direito fundamental do Estado Democrático brasileiro, por meio dessa norma, mais especificamente no seu art. 1º, nota-se restarem estabelecidas garantias de livre mercado e normas de proteção à livre iniciativa e ao livre exercício de atividade econômica e disposições sobre a atuação do Estado como agente normativo e regulador, ratificando o que determinam o parágrafo único do art. 170 e o caput e o parágrafo 1º, do artigo 174, da CRFB[150].

[149] Lei nº 13.874/19, de 20 de setembro de 2016. Disponível em: <http://www.planalto.gov.br/ccivil_03/_ato 2019-2022/20 19/lei/L13874.htm>. Acesso em 12 de novembro de 2019.

[150] Conforme por "tais artigos: "Art. 170. A ordem econômica, fundada na valorização do trabalho humano e na livre iniciativa, tem por fim assegurar a todos existência digna, conforme os ditames da justiça social, observados os seguintes princípios: I – soberania nacional; II – propriedade privada; III – função social da propriedade; IV – livre concorrência; V – defesa do consumidor; VI – defesa do meio ambiente; VII – redução das desigualdades regionais e sociais; VIII – busca do pleno emprego; IX – tratamento favorecido para as empresas brasileiras de capital nacional de pequeno porte. Parágrafo único. É assegurado a todos o livre exercício de qualquer atividade econômica, independentemente de autorização de órgãos públicos, salvo nos casos previstos em lei". "Art. 174. Como agente normativo e regulador da atividade econômica, o Estado exercerá, na forma da lei, as funções de fiscalização, incentivo e planejamento, sendo este determinante para o setor público e indicativo para o setor privado. § 1º A lei estabelecerá as diretrizes e bases do planejamento do desenvolvimento nacional

De acordo com os incisos e o caput do artigo 4º da respectiva norma, o legislador dispôs ser dever da administração pública no exercício de regulamentação de norma evitar o abuso do poder regulatório de maneira a, indevidamente, criar reserva de mercado, impedir a entrada de novos competidores, produzir preceitos que retardem ou impeçam novas tecnologias, aumentar custos de transação[151] sem a demonstração de benefícios, dentre outras determinações[152].

E, ainda, quanto ao artigo 5º da Declaração, nota-se no contexto das propostas de edição e de alteração de atos normativos de interesse geral de agentes econômicos ou de usuários dos serviços prestados, editadas por órgão ou entidade da administração pública federal, caber ao poder público realizar de forma antecipada análises de impacto

equilibrado, o qual incorporará e compatibilizará os planos nacionais e regionais de desenvolvimento". **Constituição da República Federativa do Brasil de 1988.** Brasília, DF: Presidência da República, [2020]. Disponível em: http://www.planalto.gov.br/ccivil_03/constituição / constituicao.htm. Acesso em: 24 de junho de 2020.

[151] "A transações são frequentemente extremamente caras, suficientemente caras em qualquer taxa para prevenir muitas transações que seriam realizadas em um mundo em que o sistema de preços funcionava sem custo". Tradução livre. COASE, Richard. **The Problem of Social Cost.** 3 J.L. e ECON 1, University of Chicago, 1960, pp. 15-16. Disponível em: https://www.law.uchicago.edu/files/file/coase-problem.pdf. Acesso em 18 de janeiro de 2021.

[152] Conforme o artigo 4º: "É dever da administração pública e das demais entidades que se vinculam a esta Lei, no exercício de regulamentação de norma pública pertencente à legislação sobre a qual esta Lei versa, exceto se em estrito cumprimento a previsão explícita em lei, evitar o abuso do poder regulatório de maneira a, indevidamente: I – criar reserva de mercado ao favorecer, na regulação, grupo econômico, ou profissional, em prejuízo dos demais concorrentes; II – redigir enunciados que impeçam a entrada de novos competidores nacionais ou estrangeiros no mercado; III – exigir especificação técnica que não seja necessária para atingir o fim desejado; IV – redigir enunciados que impeçam ou retardem a inovação e a adoção de novas tecnologias, processos ou modelos de negócios, ressalvadas as situações consideradas em regulamento como de alto risco; V – aumentar os custos de transação sem demonstração de benefícios; VI – criar demanda artificial ou compulsória de produto, serviço ou atividade profissional, inclusive de uso de cartórios, registros ou cadastros; VII – introduzir limites à livre formação de sociedades empresariais ou de atividades econômicas; VIII – restringir o uso e o exercício da publicidade e propaganda sobre um setor econômico, ressalvadas as hipóteses expressamente vedadas em lei federal; e IX – exigir, sob o pretexto de inscrição tributária, requerimentos de outra natureza de maneira a mitigar os efeitos do inciso I do caput do art. 3º desta Lei". Lei nº 13.874/19, de 20 de setembro de 2019. Disponível em: <http://www.planalto.gov.br/ ccivil_03/_ato2019-2022/20 19/lei/L13874.htm>. Acesso em: 05 de dezembro de 2020.

regulatório (AIR), que deverão conter informações e dados sobre os possíveis efeitos do ato normativo para verificar a razoabilidade do seu impacto econômico[153].

Quanto à disposição sobre a AIR, face a dificuldade da aplicação prática dessas premissas, até mesmo se observarmos que o incentivo ao desenvolvimento econômico e a promoção de igualdade são conceitualmente conflituosos[154], importa notar na Declaração de Direitos de Liberdade Econômica sobre a mensuração dos efeitos das diretrizes normativas na economia[155] movimento observado pela literatura e alinhado com o atual modelo de governança estatal tendente ao incremento da racionalidade das normas e das políticas públicas[156-157].

153 Conforme o artigo 5º: "As propostas de edição e de alteração de atos normativos de interesse geral de agentes econômicos ou de usuários dos serviços prestados, editadas por órgão ou entidade da administração pública federal, incluídas as autarquias e as fundações públicas, serão precedidas da realização de análise de impacto regulatório, que conterá informações e dados sobre os possíveis efeitos do ato normativo para verificar a razoabilidade do seu impacto econômico". Lei nº 13.874/19, de 20 de setembro de 2019. Disponível em: <http://www.planalto.gov.br/ ccivil_03/_ato2019-2022/20 19/lei/L13874.htm>. Acesso em: 05 de dezembro de 2020.

154 CALIENDO, Paulo. **Direito Tributário e análise economia do Direito: uma visão crítica**. Rio de Janeiro: Elsevier, 2009, pg. 117.

155 Tal como aborda Chevallier, a AIR constitui a "trave mestra do movimento de racionalização" do fenômeno legislativo. Toda elaboração ou adequação de conteúdo a ser aplicada em qualquer uma das etapas do processo normativo regulatório deve, tão-somente, garantir que a legislação que se pretenda elaborar ou revisar constitua meio adequado para a realização de certas finalidades. CHEVALLIER, Jacques. **A Racionalização da Produção Jurídica.** Cadernos de Ciência da Legislação, Oieiras, 1992, p. 18.

156 "Há uma adaptação da técnica jurídica em curso, uma avaliação das suas condições de uso, ocorrendo para devolver uma eficácia plena às normas. A racionalização dos processos de produção normativa na mais faz do que confirmar o seu declínio, arraigar a degradação da racionalidade tradicional, demonstra que a norma se vê obrigada a conquistar legitimidade. Por meio dessa racionalização que se concretiza uma concepção instrumental do direito". CHEVALLIER, Jacques. **A Racionalização da Produção Jurídica.** Cadernos de Ciência da Legislação, Oieiras, 1992, pp. 9-23.

157 JORDÃO, Eduardo F.; CUNHA, Luiz F. **Da AIR Prospectiva para a AIR retrospectiva.** Transformações do Direito Administrativo: Liberdades Econômicas e Regulação. Rio de Janeiro: FGV Direito Rio, 2019, pp.11-12. Disponível em: http://bibliotecadigital.fgv.br/dspace/bitstream/handle/10438/28851/4%C2%AA%20Prova_Final .pdf?sequence=1&isAllowed=y. Acesso em 27 de fevereiro de 2021.

Ressalta-se que quanto ao propósito de incremento de racionalidade na atuação administrativa por meio da produção normativa, a literatura menciona a perda pela lei do seu caráter sistêmico, de forma a se deflagrar movimento de busca pela racionalização do processo de elaboração das leis, tal como afirma Natasha Salinas sobre o recente aumento na valorização da qualidade da ação normativa no Brasil[158].

Conforme a autora, pela crise do modelo de governo intervencionista oriunda de uma inação legislativa e de uma incapacidade de alcance dos objetivos sociais de uma realidade altamente cambiante, a correlata perda pela lei de seu caráter sistemático abre espaço para a deflagração de movimentos no sentido de uma racionalização no âmbito do processo de elaboração normativa[159].

Da mesma forma, Gustavo Binenbojm trata de uma nova compreensão da atuação da administração pública, sob o viés de um constitucionalismo democrático que se dá por meio de mutações que refletem uma nova compreensão sobre a legitimidade da organização e do funcionamento do poder público, perspectiva denominada de giro democrático--constitucional[160].

Para Binenbojm, tal giro é promovedor de mudanças no sentido de: i. Aumentar a responsividade dos governantes sobre as necessidades sociais, a transparência e a integração dos procedimentos; ii. Propiciar abordagem respeitosa, protetiva e promotora de direitos fundamentais, por formas garantidoras do devido processo legal; e iii. Submeter a atuação dos governantes a controles efetivos fundamentados em parâmetros jurídicos e em resultados práticos[161].

Por outro lado, Fernando Leal identifica o mencionado fenômeno como atrelado à constitucionalização do Direito Administrativo, mencionando que o incremento na preocupação social com as

[158] SALINAS, Natasha. **Avaliação Legislativa no Brasil: apontamentos para uma nova agenda de pesquisa sobre o modo** de produção das leis. Revista Brasileira de Políticas Públicas. Brasília: UNICEUB, 2013. Disponível em: https://www.publicacoesacademicas.uniceub.br/RBPP/article/view/2219. Acesso em 30 de dezembro de 2020.

[159] Id.

[160] BINENBOJM, Gustavo. **Poder de polícia, ordenação, regulação: transformações político jurídicas, econômicas e institucionais do direito administrativo ordenador.** Belo Horizonte: Fórum, 2016, p. 38.

[161] Id.

consequências práticas das decisões administrativas e o funcionamento real das instituições parece representar uma tendência alinhada à rejeição de idealismo sustentado num excessivo uso de princípios constitucionais[162].

Com relação à tal noção aplicada à tributação, nada mais coerente que a proposta de um sistema de normas que se preste a propor contexto de harmonia entre direitos e garantias fundamentais no exercício do poder de tributar, o que pode ser entendido como uma perspectiva do Direito Tributário sob o filtro da abordagem da Análise Econômica do Direito (AED), equilibrando-se os princípios da equidade e da eficiência que se encontram em conflito[163].

Reforça-se o fato do sistema tributário brasileiro parecer não ter encontrado o ponto de equilíbrio para a concretização das mencionadas premissas constitucionais de forma alinhada com o sistema econômico, agregando custos excessivos à conjuntura do mercado, distorção e desincentivo às atividades econômicas, o que apesar de ser identificado há algum tempo, se concebe como mais urgente por conta da alteração na economia mundial pela digitalização[164-165].

2.2.2. O Conceito de Regulação Tributária

Com a evolução da economia, e, consequentemente, dos meios de tributação, que tiveram que passar a abarcar amplo rol de fatos geradores, é inegável que a atividade de tributar acabou por ganhar novas perspectivas, indo além da mera arrecadação de receita, de maneira a se tornar instrumento de outras finalidades do Estado, bem como assento ao interesse público[166].

[162] LEAL, Fernando (Coord.). **Constitucionalismo de realidade: democracia, direitos e instituições.** Belo Horizonte: Fórum, 2019, p. 224.

[163] CALIENDO, Paulo. **Direito Tributário e análise econômica do Direito: uma visão crítica.** Rio de Janeiro: Elsevier. 2009, pp. 15-16.

[164] BALEEIRO, Aliomar. **Limitações Constitucionais ao Poder de Tributar.** Rio de Janeiro: Forense, 1977, p. 1345.

[165] CALIENDO, Paulo. **Direito Tributário e análise econômica do Direito: uma visão crítica.** Rio de Janeiro: Elsevier. 2009, p. 8.

[166] SCHOUERI, Luís Eduardo. **Normas Tributárias Indutoras e Intervenção Econômica.** Rio de. Janeiro: Forense, 2005, pp. 1-2.

Assim, sem o intuito primeiro de arrecadar receita para os cofres públicos, a tributação também passa a figurar como um mecanismo à disposição da administração pública para a consecução de um diversificado rol de finalidades por ela visadas, também com base no interesse público[167].

Conforme prevê Reuven S. Avi-Yonah, a tributação pode assumir os propósitos de arrecadação de receita para o Estado, de redistribuição de renda entre os contribuintes e de regulação da economia. Sobre esta última, o autor entende como a ótica de orientar a atividade do setor privado nas direções desejadas pelos governos[168].

Nesse sentido, segundo a mencionada perspectiva de alcance das correspondentes finalidades estatais pela tributação, não obstante a regra de interferência estatal na economia detenha caráter indicativo, com a preponderância da liberdade de iniciativa e concorrencial, resta admitido na CRFB outras hipóteses de atuação pelo governo em prol de um interesse público.

Dessa maneira, tal como se observa no artigo 146-A, o Estado está autorizado a atuar de maneira positiva para evitar desequilíbrios concorrenciais e de forma direta[169] na economia, quando de necessidade atrelada a segurança nacional ou a interesse coletivo, conforme o artigo 173, também da CRFB, nos seguintes termos:

> Art. 146-A. Lei complementar poderá estabelecer critérios especiais de tributação, com o objetivo de prevenir desequilíbrios da concorrência, sem

[167] TIPKE, Klaus. **Princípio da Igualdade e a Ideia de Sistema no Direito Tributário**. In: BRANDÃO MACHADO (coord.). Estudos em Homenagem ao Prof. Ruy Barbosa Nogueira. São Paulo: Saraiva, 1984. pp. 517-524.

[168] AVI-YONAH, Reuven S. **The Three Goals of Taxation.** University of Michigan Tax Law Review. Disponível em: https://repository.law.umich.edu/cgi/viewcontent.cgi?article=1039&context=articles. Acesso em 05 de dezembro de 2020.

[169] Conforme Moncada: "A intervenção direta é a forma de intervenção que faz do Estado, uma agente econômico principal, ao mesmo nível do agente econômico privado". "Quando se fala da intervenção sobre o domínio económico ou intervenção indireta, a atuação do Estado não se dá como sujeito econômico, ele não toma parte ativa, tratando-se como uma intervenção exterior, de enquadramento e de orientação que se manifesta em estímulos ou limitações, de variada ordem, à atividade das empresas". MONCADA, Luís S. C. **Direito Económico.** 3ª Ed. Coimbra: Coimbra, 2000, pp. 221-337.

> prejuízo da competência de a União, por lei, estabelecer normas de igual objetivo.
>
> Art. 173. Ressalvados os casos previstos nesta Constituição, a exploração direta de atividade econômica pelo Estado só será permitida quando necessária aos imperativos da segurança nacional ou a relevante interesse coletivo, conforme definidos em lei.

No que diz respeito ao artigo 146-A, especificamente, nota-se que a atuação governamental também poderá ocorrer para fins distintos de arrecadação de receita, identificando-se tal como define Marcus Gouveia, no que se cataloga como extrafiscalidade ou indução, na qual o Estado tributa, afastando – em alguma medida- se necessário – o objetivo arrecadatório, também para atingir direta ou indiretamente as mesmas finalidades constitucionais, mas mediante foco na alteração de comportamento dos agentes econômicos[170].

Para Luiz Eduardo Schoueri, a atuação estatal indireta pode se revestir no formato de direção ou de indução, em que a primeira se configura como meio de comandos imperativos, dotados de agência, impositivos de certos comportamentos a serem necessariamente cumpridos pelos agentes que atuam no campo da atividade econômica em sentido estrito – inclusive pelas próprias empresas estatais que a exploram; e a indução, uma intervenção que se configura como incentivo ou desestímulo de determinada atividade econômica em sentido estrito[171].

Apesar dessa categorização das normas tributárias de acordo com a sua finalidade, a literatura admite que o teor de indução ou de extrafiscalidade pode ser identificado como um dos aspectos das diversas normas tributárias, tal como expõe Schoueri: "que no Direito caminhamos da estrutura à função e que os tributos não são apenas instrumentos de produção de receita pública. Em suma, por normas tributárias indutoras se entende

170 Acerca da arrecadação de receita, o autor afirma que: "O Estado é impelido a se utilizar da tributação a fim de se suprir de meios necessários para financiar suas finalidades constitucionalmente estabelecidas". GOUVÊIA, Marcus de Freitas. **A Extra fiscalidade no Direito Tributário.** Belo Horizonte: Del Rey, 2006, p. 39.

171 SCHOUERI, Luís Eduardo. **Normas Tributárias Indutoras e Intervenção Econômica.** Rio de. Janeiro: Forense, 2005, pp. 43-46.

um aspecto das normas tributárias, identificado a partir de uma de suas funções, a indutora"[172-173].

Dessa forma, entendendo-se que o teor ou a capacidade de indução de comportamento resta presente em todas as normas tributárias, variando conforme distintos graus, tal como admite parte da literatura, independentemente da catalogação das normas tributárias segundo a sua finalidade fiscal ou extrafiscal, é atinente a toda e qualquer norma criadora de tributos aspecto de extrafiscalidade ou de indução do mercado, não obstante a intenção governamental primeira no referido sentido[174].

Nesse sentido, Schoueri cita Augusto Alfredo Becker para afirmar que na construção jurídica dos tributos, em sua totalidade, restam sempre presente ambos os finalismos, fiscal e extrafiscal, ocorrendo, entretanto, conforme as escolhas do legislador, uma maior ou menor prevalência deste ou daquele, de acordo com o propósito de equilíbrio econômico-social do que chamou de orçamento cíclico"[175].

Tal como se percebe que a atuação estatal de indução intencionada e de caráter não indicativo no âmbito da tributação é dotada de caráter de excepcionalismo, constata-se ser fundamental que a atuação estatal por meio do sistema tributário seja feita com a observância dos efeitos produzidos sobre o mercado, que se forem excessiva e constantemente capazes de alterar a dinâmica da economia, acabam por promover efeitos de direção da economia, indo de encontro ao que estabelecem os mencionados artigos 173, 174 e 146-A, da CRFB.

Destarte, tal como afirma Suzana Tavares da Silva acerca do papel do Estado por meio da regulação, considerando que a atual atribuição do governo não corresponde à direção da economia, mas tão somente à garantia de um regular funcionamento por esta, tal como se verifica por meio da sua obrigação de redução da carga tributária imposta a

[172] GRAU, Eros Roberto. **A Ordem Econômica na Constituição de 1988.** 5ª Ed. São Paulo: Malheiros, 2000. pp. 128-129.

[173] SCHOUERI, Luís Eduardo. **Normas Tributárias Indutoras e Intervenção Econômica.** Rio de. Janeiro: Forense, 2005, p. 30.

[174] Ibid., pp. 24-32.

[175] BECKER, Alfredo Augusto. Teoria Geral do Direito Tributário, 3º Ed. São Paulo, Lejus, 1998 *apud* SCHOUERI, Luís Eduardo. **Normas Tributárias Indutoras e Intervenção Econômica.** Rio de. Janeiro: Forense, 2005, p. 26.

setores econômicos eficientes, atualmente não seria mais apropriado se falar em direito econômico[176].

Sob uma perspectiva liberal refletida pelo entendimento sobre a aplicação concreta de uma racionalidade econômica, a tributação não pode, como regra, servir para propósitos de direcionamento econômico de uma maneira ampla, mas, só, pontualmente, quando da motivação de induzir as ações dos agentes de mercado. Vê-se, conforme Ricardo Lobo Torres, que "o tributo criado com o fim de inibir consumos e reprimir atividades pode limitar o exercício da profissão, mas sem acabar por impedi-la ou exterminá-la, se lícita"[177].

Considerando que tal ponto é de crucial entendimento para a percepção e o desenho de um sistema tributário capaz de alcançar as premissas sobre as quais resta legitimado o próprio poder de tributar as liberdades econômicas, ainda mais em se tratando de sistema econômico com a complexidade dos dias de hoje, para a orientação governamental quanto ao controle dos efeitos das normas, Klaus Tipke afirma que o princípio da capacidade contributiva serve como diretriz para a mensuração da pertinência da atuação estatal[178].

Nesse sentido, Tipke justifica as complicações das ordenações do Direito Tributário em virtude da pluralidade de tributos, de sua falta de neutralidade, do emaranhado de normas com objetivos distintos gerando impactos sem identificação de propósito no mercado e, em resumo, do alto custo promovido ao mercado a implicar desigualdade na distribuição da carga tributária total, da seguinte forma:

> Muitas ordenações de direito tributário, provavelmente a maioria, são tão complicadas; Porque há demasiados impostos; Porque não são neutros à forma jurídica, imposto às empresas, conforme a sua forma jurídica, elevado ônus fiscal diversificado; Porque as normas com objetivo financeiro, com

[176] DA SILVA, Suzana T. **Direito Fiscal – Teoria Geral.** Coimbra: Imprensa da Universidade de Coimbra, 2015, p. 29.

[177] TORRES, Ricardo L. **Tratado de Direito Constitucional Financeiro e Tributário.** Volume III. Rio de Janeiro: Editora Renovar, 1999, p. 207.

[178] TIPKE, Klaus. **Princípio da Igualdade e a Ideia de Sistema no Direito Tributário.** In: BRANDÃO MACHADO (coord.). Estudos em Homenagem ao Prof. Ruy Barbosa Nogueira. São Paulo: Saraiva, 1984. pp. 517-524.

> objetivo social e de simplificação se mesclam umas com as outras, de modo que não mais se reconhece o caráter da norma; Porque as ordenações são também, em geral, sob muitos aspectos, assistemáticas, o que acarreta lacunas, ofensas à igualdade e possibilidades de evasão; Porque a linguagem da lei é deficiente; Ordenações de direito tributário assistemáticas, complicadas, são relativamente caras. Só podem ser dominadas – mas mal do que bem – por um número relativamente grande de funcionários, advogados, consultores tributarias e juízes[179].

Assim, para o autor, haveria um desvio sistêmico do princípio da capacidade de contribuição por conta da prevalência de normas com diversificados objetivos sociais em detrimento da proposta de igualdade. Isto porque, tão somente as normas sociais no mais amplo sentido justificariam o desvio do princípio da capacidade contributiva[180].

De tal maneira, Klaus Tipke destaca que quando se chega ao ponto do desconhecimento sobre o motivo da existência do desvio pelas distintas normas, ou quando a regulamentação para alcançar determinado objetivo é impropriamente alheia à matéria ou desproporcionada, a intervenção na economia é especialmente inadequada. Ou seja, passa-se a ter uma efetiva regulação da economia pelo Estado por meio da tributação[181].

Acerca do conceito de regulação da economia, o economista Richard Posner ressalta a dificuldade da teoria social no sentido de conseguir explicar o padrão de intervenção governamental no mercado – a regulação econômica, que, conforme o autor, pode ser caracterizada por meio dos diversos impostos e subsídios e dos controles legislativos e administrativos identificados quando da imposição de exações sobre o que chamou de facetas da atividade econômica[182].

Embora tal perspectiva se enquadre quanto a todas as medidas tributárias, ressalta-se a conclusão de Fernando Breyner sobre a inserção

[179] Id.

[180] Id.

[181] Id.

[182] POSNER, Richard. A. **Theories of Economic Regulation.** The Bell Journal of Economics and Management Science, 1974. Disponível em: https://www-jstor-org.sbproxy.fgv.br/stable/pdf/3003113.pdf?Refreqid =Excelsio r%3A3bc9ab643747e4a47065db2b31439f63. Acesso em 31 de dezembro de 2020.

de disposições sobre benefícios fiscais[183] e os respectivos efeitos de regressividade[184] diante de um distanciamento de seu intuito finalístico em concomitância com o excepcionalismo do desvio do princípio da capacidade contributiva, sugerindo, portanto, uma indagação dos fundamentos constitucionais que respaldam a aludida atuação desconforme com a determinação constitucional de progressividade[185].

Da mesma forma, Gustavo Fossati aborda a necessidade da mensuração dos efeitos da carga tributária no âmbito dos impostos com base no princípio da capacidade contributiva, ressaltando que a discricionariedade do legislador tributário para tomar decisões que gerem impactos sobre a carga tributária sofre limitação pela igualdade na distribuição desta carga tributária entre seus destinatários, sob pena de perda da necessária motivação substancial[186].

Conforme o autor, ainda que seja possível afastar a capacidade econômica pelo enfoque em outra finalidade constitucional além da repartição do encargo público, tal *trade-off* pela indução comportamental não pode significar o completo abandono da capacidade contributiva, visto que tal medida só se justifica quando o incentivo leva ao alcance da finalidade inicialmente pretendida. Caso contrário, os benefícios só implicam

[183] Conforme Hugo machado de Britto: "Os benefícios fiscais são uma espécie de estímulo concedido por meio de instrumento cuja utilização caracteriza o tributo. Assim, seria um tratamento favorecido em razão do atendimento à condição exigida para a sua obtenção, o qual pode ser designado por sinônimos, como, por exemplo, incentivos ou alívios". BRITTO, Hugo Machado. **Regime Jurídico dos incentivos fiscais**. São Paulo: Malheiros, 2015, pp. 507-509.

[184] Conforme trata Joacir Sevegnani: "Quando se afirma que o Brasil apresenta uma tributação regressiva, significa que há uma retirada proporcionalmente maior das pessoas com menor capacidade de contribuir, seja por meio de tributos pagos diretamente ou indiretamente suportados". SEVEGNANI, Joacir. **O modelo regressivo de tributação no Brasil.** Revista Jus Navigandi, 2011. Disponível em: https://jus.com.br/artigos/20574. Acesso em: 19 de dezembro de 2020.

[185] BREYNER, Frederico Menezes. **Benefícios Fiscais e Regressividade Tributária**. In: DERZI, Misabel A. M.; MELO; João Paulo F. de A. Justiça Fiscal. Belo Horizonte: Del Rey, 2016, pp. 170-175.

[186] FOSSATI, Gustavo S. **Limitações Constitucionais às Violações à Capacidade Contributiva.** Revista da Faculdade de Direito da Universidade de Minas Gerais, 2018, p. 329. Disponivel em: https://www.direito.ufmg.br/ revista/index.php/revista/article/view/1951/1843. Acesso em 22 de fevereiro de 2021.

regressividade, cabendo um constante confronto dos incentivos para verificar a sua compatibilidade com a CRFB[187].

De tal maneira, Luís Eduardo Schoueri vai traçar tal ponto segundo o princípio da liberdade de exercício de atividades econômicas, enfatizando a importância de não se deixar de lado o princípio da liberdade de exercício das atividades econômicas no contexto das normas indutoras, ressaltando a necessidade de questionamentos da constitucionalidade do respectivo tipo normativo quando de intervenção tributária capaz de criar óbices a uma atividade empresarial[188].

Nesse sentido, à luz da literatura da teoria da regulação, é possível que se constate a existência de espaço para a concessão de inúmeras definições para a regulação de acordo com o que se admite como elementos essenciais de composição do correspondente conceito, tal como afirma a autora Julia Black[189].

Destarte, com relação à regulação tributária, convém observar o estabelecimento das possíveis definições, a saber: i. Atividade de regulação do próprio sistema tributário pelas suas normas, para o seu alinhamento com propósitos específicos; ii. Direcionamento de nicho do mercado por algum tributo de caráter extrafiscal; e iii. Direcionamento do mercado por meio do sistema tributário como um todo independentemente da categorização específica de cada uma das normas tributárias.

Observando-se que a perspectiva aplicada neste trabalho sobre regulação tributária se materializa pela análise dos efeitos que a integralidade das normas tributárias produz sobre a economia, importa ressaltar que a

[187] BREYNER, Frederico M. **Benefícios Fiscais e Regressividade Tributária.** In: DERZI, Misabel A. M.; MELO; João Paulo F. de A. Justiça Fiscal. Belo Horizonte: Del Rey, 2016, pp. 170-175.

[188] SCHOUERI, Luís Eduardo. **Normas Tributárias Indutoras e Intervenção Econômica.** Rio de. Janeiro: Forense, 2005, p. 102.

[189] Conforme visto anteriormente, a autora Julia Black faz uso de conceituação abrangente do conceito de regulação, de maneira a pontuar a respectiva avaliação na existência das 5 (cinco) dimensões, a saber: i) O que é regulação; ii) Quem ou o que regula; iii) De qual forma ela se manifesta; iv) Atua com respeito a outros atores ou áreas; v) Como é feita. BLACK, Julia. **Decentering Regulation: Understanding the Role of Regulation and Self-Regulation in a 'Post- Regulatory' World.** The London School of Economics and Political Science, 2001. Disponível em: https://www.researchgate.net/publication/30527050_Decentring_Regulation_Understanding_the _Role_of_Regulation_and_Self-Regulation_in_a_%27Post-Regulatory%27_World. Acesso em 26 de novembro de 2020.

referida leitura vai ser feita com base na observância do duplo viés dos i. Efeitos de alteração comportamental em face do ingresso do conjunto de normas tributárias no mercado; e ii. Meios de autorregulação do sistema tributário para o alcance de racionalidade econômica, a qual vai restar centrada na perspectiva de neutralidade fiscal.

Tratando-se do impacto provocado pela atuação estatal na economia por meio do conjunto de normas de Direito Tributário, considerando a produção de inevitáveis efeitos sobre o mercado, e, se descoordenados e assistemáticos, conforme afirma Tipke, o indesejado efeito de ampla e continuada direção dos instrumentos do mercado, fundamental a observância pelo Estado da interação ou do impacto que as cobranças tributárias, em conjunto, ou o sistema tributário, terão com o sistema da economia – intersistematicidade[190].

Destarte, perseguindo-se uma constante orientação e validação pela perspectiva da regressividade e da dialética entre a regra e o excepcionalismo do princípio da capacidade contributiva, em vias de se alcançar uma efetiva concretude dos princípios da liberdade de iniciativa e da concorrência, evitando-se os malefícios de uma excessividade no que tange aos custos tributários produzidos quanto aos fenômenos econômicos – intrasistematicidade[191].

Entendendo-se como fundamental à noção de equilíbrio no que diz respeito à regulação tributária da economia pelo Estado a coleta de elementos do sistema econômico, admite-se como apropriada a leitura das premissas da atuação tributária pelas lentes da teoria econômica ou de uma racionalidade econômica, a qual, pela noção de uma tributação ótima dispõe sobre elementos essenciais ao sistema tributário para alcançar os efeitos neutros sobre o mercado e condizentes com a proposta dos artigos 173, 174 e 146-A, da CRFB.

[190] CALIENDO, Paulo. **Direito Tributário e Análise Econômica do Direito: uma visão crítica.** Rio de Janeiro: Elsevier. 2009, p. 7.

[191] Id.

3.
O ÓTIMO DA TRIBUTAÇÃO

Quanto à relação entre o Direito e a Economia, tal como visto no capítulo anterior, observa-se na literatura jurídica nacional e estrangeira a constatação de uma sujeição da tributação às diretrizes econômicas nos mesmos moldes de como ocorre quanto às premissas do Direito Tributário, sob pena de prejuízo dos argumentos de validade que salvaguardam a própria atuação governamental por meio da tributação.

Desse modo, importante analisar os estudos realizados pela literatura da Economia responsável por desenvolver a teoria do ótimo da tributação e que, não obstante as distintas perspectivas, contêm os cânones ou as premissas para o alcance de uma tributação capaz de bem equilibrar justiça social e eficiência econômica.

3.1. A Perspectiva da Análise Econômica do Direito sobre Custos de Transação aplicada à Tributação

Sob a ótica dos impactos provocados pela atuação governamental nos negócios, é possível identificar em ambas as literaturas da Economia e do Direito a constatação de que a tributação tem a aptidão de invariavelmente representar custo financeiro adicional aos fenômenos econômicos, reconhecendo-se, dessa forma, que as normas tributárias sempre, em algum grau, promovem alterações na dinâmica da economia.

Verifica-se na doutrina do Direito posicionamentos de que o propósito do Direito Tributário vai ser a busca por sistema de tributação que não implique dirigismo fiscal da economia, sendo capaz de produzir grau de interferência no mercado adequado a cumprir com os seus fins, mas sem desequilibrar o sistema econômico. É dizer, tal como leciona Cristiano Carvalho, tratar-se dos limites da tributação como meio de viabilizar as atividades privadas[192].

Nesse sentido, independente da catalogação doutrinária dos tributos como fiscais ou extrafiscais, é possível afirmar ser inerente a tais exações a capacidade de produção de efeitos sobre o mercado, o que, por conta da regra constitucional de caráter indicativo da atuação do Estado na economia, torna necessária a avaliação da coerência do correlato proceder com os princípios da liberdade de iniciativa e com a livre concorrência[193].

Assim, convém mencionar a abordagem feita pela doutrina neoclássica da AED, no sentido de que os agentes econômicos agem no mercado com o intuito de maximizarem seus recursos, de forma que o referido ambiente se configura como uma conjuntura na qual idealmente são realizadas trocas de forma espontânea, ou seja, sem qualquer interferência estatal.

Dessa forma, não obstante a congregação de tendências distintas na AED, é possível afirmar que a doutrina de análise econômica se propõe a descrever o fenômeno jurídico a partir de mecanismos fornecidos pela microeconomia, de forma a buscar uma compreensão do funcionamento do sistema econômico sob o viés dos agentes privados – consumidores e produtores, o que para Tipke diz respeito à teoria econômico-empresarial[194].

192 CARVALHO, Cristiano. **A Análise Econômica do Direito Tributário** In: SCHOUERI, Luís Eduardo. (Coord.). Direito tributário: homenagem a Paulo de Barros Carvalho. São Paulo: Quartier Latin, 2008, p. 194.

193 Paulo Caliendo destaca os seguintes postulados de AED: "a) o individualismo metodológico, ou seja, os fenômenos coletivos devem ser explicados como resultantes de decisões individuais; b) escolha racional, ou seja, as decisões individuais são entendidas como racionalmente dirigidas à maximização dos interesses individuais; c) preferências estáveis, postula-se que no curto prazo há a estabilidade de preferências; d) equilibrium, entende-se que as interações na política e no direito tendem, tal como no mercado ao equilíbrio". CALIENDO, Paulo. **Direito Tributário e análise econômica do Direito: uma visão crítica**. Rio de Janeiro: Elsevier. 2009, p. 15.

194 "Por sua vez, a teoria tributária econômico-empresarial segue a abordagem microeconômica, ao direcionar o estudo para as escolhas dos agentes econômicos em decorrência das imposições estatais. Com efeito, verifica-se que ela tem como ponto de partida a seguinte premissa teórica: o indivíduo persegue a maximização do resultado líquido da atividade

De tal modo, importante reconhecer os pressupostos fundamentais da análise feita por AED acerca do mercado, a saber: i. A ideia de que tal ambiente tende ao equilíbrio geral ótimo[195]; e ii. A noção de que os agentes individuais são racionais, ou seja, agem e devem agir na busca de seus interesses próprios[196].

A literatura de AED propõe que o poder do Direito e da Economia reside nas suas bases comportamentais e que a principal corrente de pensamento que prepondera em ambas as ciências consiste naquela que admite que a preocupação de ambas as teorias resta atrelada à forma como os atores e sujeitos respondem às diretivas do sistema jurídico e às mudanças que hipoteticamente ocorreriam na referida esfera[197].

econômica por ele realizada. Neste sentido, defende-se a existência de um ponto ótimo na curva político-tributária que atenda à neutralidade fiscal, quando das decisões individuais". MOREIRA, Clara G. **Faces Complementares do Estado Fiscal: da equidade à eficiência da tributação.** EALR, V. 4, no 2, 2013, pp. 405-406. Disponível em: https://bdtd.ucb.br/index.php/EALR/article/download/4%20EALR%20391/4%20EAL R%20418. Acesso em 18 de janeiro de 2021.

195 No que diz respeito ao equilíbrio do mercado, Cooter e Ulen dispõem que: "Tendo descrito o comportamento dos consumidores que maximizam a utilidade e dos produtores que maximizam os lucros, nossa próxima tarefa é reuni-los para explicar como eles interagem. Devemos primeiro demonstrar como um preço e quantidade únicos são determinados pela interação de oferta e demanda em um mercado perfeitamente competitivo e, em seguida, mostrar o que acontece com preço e quantidade quando a estrutura do mercado muda para uma de monopólio. Concluímos esta seção com um exemplo de análise de equilíbrio de uma importante questão de política pública". Tradução livre. COOTER, Robert; ULEN, Tomas. **Law and Economics.** Berkeley Law Books, 2016, p. 28. Disponível em: h2p://scholarship.law.berkeley.edu/books/2. Acesso em 31 de dezembro de 2020.

196 Com relação à escolha racional, Cooter e Ulen aduzem que: "Uma concepção de racionalidade sustenta que um ator racional pode classificar alternativas de acordo com a extensão em que elas lhe dão o que ela deseja. Na prática, as alternativas disponíveis para o ator são restritas. Por exemplo, um consumidor racional pode classificar pacotes alternativos de bens de consumo, e o orçamento do consumidor restringe sua escolha entre eles. Um consumidor racional deve escolher a melhor alternativa que as restrições permitem. Outra forma comum de compreender essa concepção de comportamento racional é reconhecer que os consumidores escolhem alternativas adequadas para atingir seus fins. A escolha da melhor alternativa que as restrições permitem pode ser descrita matematicamente como maximização". Tradução livre. COOTER, Robert; ULEN, Tomas. **Law and Economics.** Berkeley Law Books, 2016, pp. 12-13. Disponível em: h2p://scholarship.law.berkeley.edu/books/2. Acesso em 31 de dezembro de 2020.

197 Id.

Assim, os economistas neoclássicos de AED afirmam que os agentes racionais no âmbito das atividades econômicas (e na vida como um todo) são capazes de classificar as situações conforme o grau de satisfação que tais possibilidades lhes proporcionam, escolhendo, portanto, as melhores alternativas que as suas restrições admitem, conjuntura esta que acaba por definir o que se vislumbra como equilíbrio no mercado.

É possível observar que a base da teoria neoclássica da AED consiste na concepção da escolha racional, por meio da qual os agentes atuam racionalmente para a maximização de sua utilidade, tal como pontuam os autores Robert Cooter e Tomas Ulen ao citarem a seguinte expressão de Adam Smith[198]: "Não é da benevolência do açougueiro, do cervejeiro ou do padeiro que esperamos o nosso jantar, e sim da consideração que eles têm pelo seu próprio interesse."

Acerca da correlação entre a economia e a tributação, observa-se que a literatura da AED entende por uma eficiência no que tange à tributação quando da incidência de tributos ou de um sistema tributário que não implique custos excessivos ao mercado, o que resta entendido como possível quando da elaboração de um sistema tributário tendente a causar um mínimo de distorção na economia.

Apoiando-se, portanto, numa noção de custos de transação[199], ou seja, de custos atrelados às negociações, em face da aptidão dos tributos de assumirem tal caráter, produzindo alterações na dinâmica de alocação de recursos no mercado e, consequentemente, na sistemática da concorrência, a literatura de AED afirma que a atuação estatal pelas normas

198 Tradução livre. SMITH, Adam., 5ª Ed. Londres, 1789 *apud* COOTER, Robert; ULEN, Tomas. **Normas Tributárias Indutoras e Intervenção Econômica. Law and Economics.** Berkeley Law Books, 2016, pp. 276.

199 Conforme afirmam Robert Cooter e Tomas Ulen acerca do Teorema de Coase e a definição de Custos de Transação: "Coase usou o termo" custos de transação" para se referir aos custos de comunicação, bem como a uma variedade de outros custos que discutiremos mais tarde. Na verdade, ele usou" custos de transação "para abranger todos os impedimentos à negociação. Dada esta definição, a negociação necessariamente tem sucesso quando os custos de transação são zero". Podemos resumir esse resultado afirmando esta versão do Teorema de Coase: Quando os custos de transação são zero, um uso eficiente de recursos resulta da negociação privada, independentemente da atribuição legal de direitos de propriedade". COOTER, Robert and ULEN, Tomas. **Law and Economics**. Berkeley Law Books, 2016, pp. 84-85. Disponivel em: h2p://scholarship.law. berkeley.edu/bo oks/2. Acesso em 31 de dezembro de 2020.

tributárias inevitavelmente traz efeitos de alteração comportamental dos agentes do mercado.

E isso quanto à definição de custos de transação em sentido restrito, ou seja, no custo adicional aos negócios no mercado, como também sobre a noção de custos de transação em sentido amplo, atestados pelo Teorema de Coase e com enfoque na tributação como sacrifício para o uso dos mecanismos do mercado, como afirma Paulo Caliendo sobre as despesas com contratação de serviços no bojo de um sistema tributário imperfeito e ineficiente[200].

Em vias de se encontrar o máximo de equilíbrio possível entre os sistemas de tributação e econômico, com base na doutrina de AED coloca-se como fundamental a avaliação de uma proposta de tributação menos apta a produzir desequilíbrio no mercado, o que se concebe como dificultoso quanto à nova e ainda parcialmente desconhecida conjuntura que se forma com a digitalização da economia.

3.2. A Neutralidade Fiscal

De acordo com o parágrafo 4º, do artigo 173, da CRFB, cabe à administração pública criar as condições necessárias para a implementação do princípio da livre concorrência, reprimindo, portanto, condutas desconformes como o mencionado propósito, a exemplo do abuso de poder econômico que implique "a dominação dos mercados, a eliminação de concorrência e o aumento arbitrário de lucros"[201].

Ademais da referida abordagem sobre a necessária atuação do poder público para a repressão de infrações contra a ordem econômica no mercado, o que se verifica pelo Conselho Administrativo de Defesa

[200] CALIENDO, Paulo. **Direito Tributário e análise econômica do Direito: uma visão crítica.** Rio de Janeiro: Elsevier. 2009, p. 23.

[201] Conforme o artigo 173: "Ressalvados os casos previstos nesta Constituição, a exploração direta de atividade econômica pelo Estado só será permitida quando necessária aos imperativos da segurança nacional ou a relevante interesse coletivo, conforme definidos em lei. [...] § 4º - A lei reprimirá o abuso do poder econômico que vise à dominação dos mercados, à eliminação da concorrência e ao aumento arbitrário dos lucros". **Constituição da República Federativa do Brasil de 1988.** Brasília, DF: Presidência da República, [2020]. Disponível em: http://www.planalto.gov.br/ccivil_03/constituição /constituicao.htm. Acesso em: 24 de junho de 2020.

Econômico (CADE)[202], é possível que se interprete o citado dispositivo constitucional também como atrelado a dever governamental de atuação em conformidade com uma proposta de livre concorrência, o que na seara tributária se configura pela neutralidade fiscal.

De tal forma, segundo perspectiva microeconômica, a proposta do parágrafo 4º, do artigo 173, da CRFB, resta compreendida sob as linhas do compromisso estatal de garantir que a tributação não constitua elemento fundamental nas decisões adotadas pelos agentes econômicos quanto à alocação de seus investimentos, traduzindo-se, portanto, em fator de desequilíbrio para o sistema econômico[203].

Nesse sentido, Luiz Eduardo Schoueri destaca que a existência do princípio da neutralidade não implica ausência de interferência do tributo sobre a economia, mas, sim, imparcialidade frente à livre concorrência concretizada pela concessão de igualdade de chances para os agentes econômicos no mercado, o que autor considera como reflexo da neutralidade concorrencial do Estado[204].

Por outro lado, o jurista Humberto Ávila expõe visão atrelada à concretude do princípio da igualdade em face de uma atuação negativa da atuação do Estado no âmbito da tributação, nos seguintes termos: "a neutralidade melhor representa uma manifestação estipulada da própria igualdade na sua conexão com o princípio da liberdade de concorrência, notadamente no aspecto negativo da atuação estatal"[205].

[202] Nos termos do Artigo 1, do Regimento Interno do CADE: " Art. 1º O Conselho Administrativo de Defesa Econômica - CADE, entidade judicante com jurisdição no território nacional, vinculado ao Ministério da Justiça e Segurança Pública, com sede e foro no Distrito Federal, tem como finalidade a prevenção e a repressão às infrações contra a ordem econômica, orientada pelo disposto na Lei nº 12.529, de 30 de novembro de 2011, e pelos parâmetros constitucionais de liberdade de iniciativa, livre concorrência, função social da propriedade, defesa dos consumidores e repressão ao abuso do poder econômico". CONSELHO ADMINISTRATIVO DE DEFESA ECONÔMICA (CADE). **Regimento Interno do CADE.** Disponível em: https://cdn.cade.gov.br/Portal/centrais-de-conteudo/regimento-interno/regimento-interno-cade-2020.pdf?_ga=2.9160053.1367356178.1611516966-245305078.1604507622. Acesso em 24 de janeiro de 2021.

[203] FERRAZ JÚNIOR, Tercio Sampaio. **Direito Constitucional: Liberdade de fumar, privacidade, Estado, direitos humanos e outros temas.** São Paulo: Manole, 2007, p. 54.

[204] SCHOUERI, Luís Eduardo. **Direito Tributário.** São Paulo: Saraiva, 2011, p. 43.

[205] ÁVILA, Humberto. **Teoria da Igualdade Tributária.** São Paulo: Malheiros, 2008, p. 99.

Conforme o economista britânico Gareth Myles, a neutralidade fiscal deve ter como propósito de aplicação o alcance dos preceitos de eficiência e de menor onerosidade e influência possíveis nas decisões dos agentes econômicos, o que, segundo James Mirlees e parte da doutrina econômica é viável mediante o uso de mecanismos distintos no que diz respeito à tributação incidente sobre a renda, consumo e patrimônio[206].

Assim, com relação à renda, uma das propostas da teoria do ótimo é de se evitar a alocação de capital, renda, trabalho, investimento e poupança privada, utilizando-se especificamente elementos que visam garantir o estabelecimento de uma tabela progressiva de tributos conforme a distribuição de renda e a capacidade de resposta das pessoas aos impostos e benefícios em diferentes níveis de renda[207].

Quanto ao consumo, Ricardo Varsano afirma que a neutralidade se dá na não cumulatividade dos tributos sobre a formação dos preços finais ao consumidor, mencionando a experiência do IVA (Imposto sobre o Valor Adicionado) ensaiado no Brasil pelo ICM (Imposto sobre Circulação de Mercadorias), posteriormente denominado de ICMS (imposto sobre operações relativas à circulação de mercadorias e sobre prestações de serviços de transporte interestadual, intermunicipal e de comunicação), tal como nos dias de hoje[208].

Dessa forma, considerando que as induções provocadas no mercado por meio das normas tributárias vão inevitavelmente trazer distorções ao sistema econômico, o princípio da neutralidade fiscal se presta a servir como ponto de partida para a manutenção geral do equilíbrio da

[206] MIRLEES, James. **Dimensions of Tax Design**. The Mirrlees Review. London: The Institute for Fiscal Studies, 2011, pp. 1-25. Disponível em: https://www.researchgate.net/publication/50876719_Dimensions_of_Tax_ Design_ The_ Mirrlees_Review. Acesso em 24 de dezembro de 2020.

[207] CALIENDO, Paulo. **Direito Tributário e análise econômica do Direito: uma visão crítica**. Rio de Janeiro: Elsevier. 2009, p. 3.

[208] VARSANO, Ricardo. **A tributação do valor adicionado, o ICMS e as reformas necessárias para conformá-lo às melhores práticas internacionais.** Banco Interamericano de Desenvolvimento (BID), 2014. Disponível em: https://publications.iadb.org/publications/portuguese/document/A-tributa%C3%A7%C3%A3o-do-valor-adicion ado-o-ICMS-e-as--reformas-necess%C3%A1rias-para-conform%C3%A1-lo-%C3%A0s-melhores-pr%C3%A1ti cas-internacionais.pdf. Acesso em 02 de janeiro de 2020.

economia quebrado pela inserção da tributação no mercado, consistindo, portanto, no foco do estudo realizado pelos teóricos da teoria do ótimo da tributação[209].

3.3. A Proposta da Teoria do Ótimo da Tributação

Compreendendo-se a tributação como uma exceção ao Direito de Propriedade na medida em que se configura como um repasse compulsório de parte dos recursos do setor privado ao público, a literatura econômica recomenda, portanto, que a correlata orientação se dê em conformidade com os valores da equidade, liberdade (de iniciativa e de concorrência) e eficiência[210].

De tal modo, considerando a aptidão dos tributos de produzir alterações no comportamento individual dos agentes econômicos pela redução da maximização das utilidades individuais na referida conjuntura, o posicionamento dos teóricos da Economia é no sentido de que a interferência governamental na liberdade individual e na propriedade privada por meio dos tributos necessariamente provoca quebra no equilíbrio preexistente no mercado[211].

Tendo-se em conta que os tributos são fundamentais para a manutenção do Estado e do bem-estar da vida em sociedade, sendo inviável a sua extinção, resta crescente a constatação da importância da leitura conjugada e harmônica do sistema tributário com a economia, de forma a se considerar as alternativas de minimização das distorções da tributação enquanto atinge níveis desejados de redistribuição (equidade a nível de renda) e de receita pública[212].

Para tanto, Luís Eduardo Schoueri afirma que a teoria da tributação ótima tem como propósito alcançar uma estrutura tributária que se preste

[209] CALIENDO, Paulo. **Direito Tributário e análise econômica do Direito: uma visão crítica**. Rio de Janeiro: Elsevier. 2009, pp. 103-107.

[210] PEREIRA, Carlos A.; OLIVEIRA, Fabio R. Oliveira; GALLO, Mauro F. **Tributação ótima – Isso existe?** Disponível em: http://artigoscheckpoint.thomsonreuters.com.br/a/5wwz/tributacao-otima-isso-existe-fabio-rodri gues-de-oliveira-carlos-alberto-pereira-mauro-fernando-gallo. Acesso em 14 de dezembro de 2020.

[211] SMITH, Adam; CAMPBELL, Roy H.; SKINNER; Andrew S. **An Inquiry into the nature and causes of the wealth of nations.** Volume II. Liberty Fund Inc., 1984, pp. 864-867.

[212] CALIENDO, Paulo. **Direito Tributário e análise econômica do Direito: uma visão crítica**. Rio de Janeiro: Elsevier. 2009, p. 7.

a auxiliar o poder público na arrecadação da receita fiscal necessária, no financiamento de seus gastos, no alcance de objetivos distributivos específicos e, tudo isso, a custo mínimo a título de prejuízo de eficiência econômica[213].

Nesse sentido, para fins de refrear a preocupação com os efeitos da tributação sobre o mercado, percebe-se o surgimento da teoria do ótimo da tributação que se presta a oferecer alternativas de como a instituição dos tributos deve se estruturar, para que, de maneira eficiente, o Estado consiga cumprir com os objetivos próprios, o que se coloca como a premissa da neutralidade fiscal[214-215].

De tal forma, a literatura da teoria do ótimo destaca que o mencionado estudo não se baseia apenas na busca por uma eficiência econômica, ou seja, na busca de "primeiro ótimo", mas, sim, de um "segundo melhor", isto é, no alcance de melhor resultado possível dado que os impostos distorcivos devem ser inevitavelmente utilizados em razão da impossibilidade de se recorrer a impostos *lump sum*[216], únicos no quesito de não distorção da economia.

Ao advertir que o ótimo fiscal consiste sempre na segunda melhor opção, Ricardo Lobo Torres destaca movimento na ciência moderna pelo abandono de uma pretensão de alcance de sistema tributário perfeito, enxergando, portanto, o acréscimo na quantidade de trabalhos com enfoque: i. Na melhoria de alguns dos tributos incidentes sobre a renda e o patrimônio e sobre o consumo de bens e serviços; e ii. Em princípios como a progressividade e a neutralidade[217].

[213] SCHOUERI, Luis Eduardo. **Direito Tributário.** São Paulo: Editora Saraiva, 2018, p. 42.

[214] STERN, Nicholas; BURGESS, Robin. **Taxation and Development.** Journal of Economic Literature, 1993, p. 789. Disponivel em: http://www.jstor.org/stable/2728515. Acesso em 15 de janeiro de 2021.

[215] STIGLITZ, Joseph E. **Economics of the public sector.** New York: Norton & Company, 2000, pp. 550-577. Disponível em: http://www.library.fa.ru/files/Stiglitz-economics.pdf. Acesso em 15 de janeiro de 2021.

[216] SIQUEIRA, Rozane B.; NOGUEIRA, José R.; BARBOSA, Ana L. N. H. **Teoria da tributação ótima.** In: ARVATE, Paulo; BIDERMAN Ciro. (Org.). Economia do Setor Público no Brasil. Rio De Janeiro: Elsevier, 2004, pp. 173-175.

[217] TORRES, Ricardo L. **Curso de direito financeiro e tributário.** Rio de Janeiro: Renovar, 2010. Pg. 359.

Sob tais linhas, entendendo-se como objeto de estudo da teoria do ótimo da tributação, a busca por um cenário de equilíbrio entre a equidade e eficiência econômica[218], convém mencionar que os teóricos da teoria do ótimo acabaram por seguir 2 (duas) vertentes principais de estudo, quais sejam, as análises realizadas sob a denominação de *tax design* e de *tax reform*[219].

Acerca das peculiaridades dos estudos de *tax design* e de *tax reform*, nota-se que enquanto os trabalhos de *tax design* se propõem a analisar a passagem de um Estado em que não há imposto para um Estado em que há tributação, tratando dos impostos ideais para um melhor equilíbrio dessas finalidades, *tax reform* trata da mudança do bem-estar social no contexto da variação dos impostos com relação a uma estrutura de tributação já existente[220].

Conforme os estudos baseados no trabalho de Ramsey, tal como aqueles desenvolvidos por Atkinson e Stiglitz[221-222], os trabalhos de *tax design* se concentram nos debates sobre a existência de impostos menos distorcivos, como os impostos globais, que não admitem mudanças comportamentais tendentes à redução na carga tributária, e os impostos pigouvianos, que aproximam o consumo dos bens e serviços a nível eficiente quando necessário.

[218] PEREIRA, Carlos A.; OLIVEIRA, Fabio R. O.; GALLO, Mauro F. **Tributação ótima – Isso existe?** Disponível em: http://artigoscheckpoint.thomsonreuters.com.br/a/5wwz/tributacao-otima-isso-existe-fabio-rodrigues-de-oli veira-carlos-alberto-pereira-mauro-fernando-gallo. Acesso em 14 de dezembro de 2020.

[219] BARBOSA, Ana. L. N; SIQUEIRA, Rozane B. **Imposto ótimo sobre o consumo: Resenha da teoria e uma aplicação ao caso brasileiro.** Rio de Janeiro: Ipea, 2001. Disponivel em: https://www.ipea.gov.br/portal/index .php?option =com_content&view=article&id=4069. Acesso em 01 de janeiro de 2021.

[220] Id.

[221] Tal como dispõe Agnar Sandmo acerca do imposto pigouviano, tal imposto consiste naquele incidente sobre atividades de mercado que gerem externalidades negativas, visando, portanto, corrigir um resultado de mercado indesejável ou ineficiente. A sua mensuração vai, portanto, equivaler ao custo marginal externo das externalidades negativas. SANDMO, Agnar. **Pigouvian Taxes.** In: Palgrave Macmillan. The New Palgrave Dictionary of Economics. Palgrave Macmillan, 2008. Disponivel em: https://doi.org/10.1057/978-1-349-95121-5_2678-1. Acesso em: 01 de janeiro de 2020.

[222] STIGLITZ, Joseph E. **In Praise of Frank Ramsey's Contribution to the Theory of Taxation.** The Economic Journal, 2015, pp. 235–268. Disponível em: https://doi.org/10.1111/ecoj.12187. Acesso em 24 de janeiro 2021.

Já segundo a *tax reform*, o intuito é de se alcançar uma estrutura de tributos que melhor atenda à proposta de neutralidade no que diz respeito à economia, tal como se percebe em parte do trabalho elaborado pelos autores Mirlees, Diamond e pelos autores brasileiros José Ricardo Barbosa, Ana Luiza Neves e Rozane Siqueira e que serão abordados com maior profundidade mais à frente.

Em relação à avaliação feita pelos teóricos de *tax reform*, convém observar que cada um dos mencionados autores, a seu modo, propõe uma base estrutural capaz de entregar os elementos necessários para a eficiência jurídico-econômica da tributação considerando parâmetros como a diversidade de alíquotas, a incidência sobre as distintas formas de geração ou circulação de riqueza, a preferência dos agentes do mercado e até mesmo questões geográficas.

Apesar da literatura reconhecer a relevância de ambos os trabalhos de *tax design* e *tax reform* desenvolvidos ao longo do século XX, principalmente quanto à compreensão da política tributária sob variados ângulos, ressalta-se que tais estudos não passam ilesos de críticas, a exemplo de como ocorre com os apontamentos de James Alm sobre a existência de supostas falhas nas obras pela "captura da complexidade que caracteriza o mundo real e que deve ser considerada no próprio desenho e reforma dos sistemas tributários"[223].

Assim, enxergando-se alguma dificuldade envolvendo a teoria do ótimo no sentido de propor soluções valorativas sobre alíquotas capazes de garantir a concretização de todas as finalidades estabelecidas para uma tributação ótima de forma universal, reconhece-se a relevância dos correspondentes trabalhos no que concerne ao fornecimento de diretrizes para a melhor elaboração de políticas fiscais conformes com uma perspectiva de equilíbrio de finalidades pela tributação.

Dessa forma, observando-se um entrelaçamento das diferentes teorias do ótimo por conta do correlato respaldo nas mesmas premissas desenvolvidas na obra *A Riqueza das Nações*[224] e tidas pela literatura como de

[223] ALM, James. **What's an Optimal Tax System?** National Tax Journal. Vol. 49, no. 1, 1996, pp. 17-33.

[224] ARIENTI, Wagner L. **A Teoria Tributária de Adam Smith: Uma Revisão.** Disponível em: https://perio dicos.ufsc.br/index.php/economia/article/view/6565. Acesso em 14 de dezembro de 2020.

inquestionável validade para os debates do contexto da digitalização conduzidos pela OCDE, passa-se à análise das peculiaridades das propostas do ótimo da tributação e das bases oriundas dos estudos desenvolvidos pelo economista Adam Smith[225].

3.4. Os Estudos da Teoria do Ótimo da Tributação

Conforme afirma o economista britânico James Mirlees, a compreensão do que se enxerga como sistema tributário ideal, sua configuração, os elementos que precisam se encaixar adequadamente e as distorções que demandam eliminação resta ainda mais valiosa e fundamental quando das demandas por passos largos ou pela tomada de decisões importantes concernentes a mudanças nas normas de Direito Tributário[226].

Muito embora a literatura econômica seja uníssona ao reconhecer a relevância de um sistema tributário equilibrado para a economia, o mesmo não se admite quanto às interpretações feitas sobre a possibilidade da aplicação do conceito de neutralidade, a exemplo de como ocorre com o posicionamento dos teóricos da escola austríaca que não aventam ser viável a adoção de tributação apartada de custos e de interesses governamentais próprios[227].

Assim, importante mencionar as conclusões de estudo do Instituto de Pesquisa Econômica Aplicada (IPEA) no qual ademais de serem pontuadas as noções de bem-estar da sociedade pelo acréscimo das utilidades dos cidadãos e de equilíbrio entre equidade e eficiência econômica trazidas pelas teorias do ótimo, resta realizada análise do que se entende como

[225] DOWNER, Pauline. **Taxation of Electronic Commerce (e-comm): Examination of Canadian Government Tax Policies and Directives Application of Adam Smith's Canons of Taxation.** Journal of Financial Management & Analysis. Disponível em: https://papers.ssrn.com/sol3/papers.cfm?abstract_id=2858469. Acesso em 23 de dezembro de 2020.

[226] MIRLEES, James. **Dimensions of Tax Design**. The Mirrlees Review. London: The Institute for Fiscal Studies, 2011. Disponível em: https://www.researchgate.net/publication/50876719_Dimensions _of_ Tax_Design_The_ Mirrlees_Review. Acesso em 24 de dezembro de 2020.

[227] Quanto aos interesses governamentais, a escola Austríaca segue a visão da teoria da escolha pública de que a atuação governamental se presta ao propósito de agradar aos eleitores-consumidores ROTHBARD, Murray N. **The Myth of Neutral Taxation.** Cheltenham: Edward Elgar, 1997, pp. 66. Disponivel em: https://cdn.mises.org/ The%20Myth%20of%20 Neutral%20Taxation_2.pdf. Acesso em 01 de janeiro de 2021.

dificuldades práticas da neutralidade pela insuficiência de conhecimento pelo poder público quanto à dotação de recursos e as preferências individuais dos agentes do mercado[228].

Conforme o aludido trabalho, muito embora os princípios da justiça tributária, da simplicidade e da eficiência econômica propostos pela teoria do ótimo sejam almejados por qualquer sistema tributário, haveria uma inconsistência na aplicação de uma justiça tributária associada com um bem-estar da sociedade e com função de utilidades individuais. Para os autores, as características que possibilitam o alcance desse bem-estar pela tributação variam conforme os indivíduos, de maneira a serem de difícil conhecimento do gestor público[229].

Da mesma forma, Ricardo Lobo Torres tece comentários acerca do caráter fantasioso e utópico que enxerga com relação à possibilidade de um sistema tributário ideal, reconhecendo, entretanto, a necessidade de se balancear eficiência e equidade no sentido de se instituir um sistema tributário justo que atenda à pluralidade de objetivos que contribuem para o desenvolvimento econômico e social do país[230].

Deixando-se de lado as mencionadas críticas da literatura, verifica-se que a teoria do ótimo vai ter como um de seus primeiros expoentes o britânico Frank Ramsey, que elaborou a "Regra de Ramsey", de 1927, que trata de um modelo de tributação capaz de investigar as alíquotas recomendadas para cada uma das exações tributárias que recaem sobre as operações de circulação dos distintos bens[231].

Ressalta-se que diante de algumas hipóteses consideradas simples e a noção de um agente econômico representativo, o modelo de Ramsey demonstra que as alíquotas ótimas são inversamente relacionadas com a elasticidade-preço de demanda, o que quer dizer que os bens que possuem

[228] BARBOSA, Ana L. N; SIQUEIRA, Rozane B. Texto para Discussão (TD) 811: **Imposto ótimo sobre o consumo: Resenha da teoria e uma aplicação ao caso brasileiro.** Rio de Janeiro: Ipea, 2001. Disponivel em: https://www.ipea.gov.br/portal/ index.php?option= com content&view=article&id=4069. Acesso em 01 de janeiro de 2021.

[229] Id.

[230] TORRES, Ricardo L. **Curso de Direito Financeiro e Tributário.** 12.a ed. Rio de Janeiro: Renovar, 2005, p. 359.

[231] RAMSEY, Frank. **A Contribution to the Theory of Taxation.** Oxford: Oxford University Press, 1927, pp. 58-61. Disponível em: https://msuweb.montclair.edu/~lebelp/ RamseyTaxationEC1927.pdf. Acesso em 01 de janeiro de 2020.

baixa elasticidade-preço ou cuja demanda é menos sensível às variações de preço devem ter alíquotas maiores, enquanto aqueles cuja saída é impactada conforme variações de preço devem ter alíquotas menores[232].

Depois de Ramsey, cuja simplicidade do modelo acabou por não responder as questões de equidade por deixar de abranger um mercado plural, concentrando-se na tributação incidente sobre o consumo, convém destacar o trabalho feito pelos também britânicos autores James Mirlees e Peter Diamond no qual se avalia a tributação com base na perspectiva de uma estruturação capaz de estabelecer tributos com aptidão de promover o bem-estar geral e com um menor nível de perdas decorrentes dos efeitos adversos ao estímulo ao trabalho[233-234].

Nesse sentido, muito embora os estudos de Diamond e de Mirrlees, de 1971, sejam oriundos do modelo desenvolvido por Ramsey, destaca-se que a obra vai ser de suma importância para a doutrina do ótimo ao buscar noção de bem-estar respaldada tanto nas questões de distribuição de renda como na tributação sobre o consumo, e que são cruciais para a legitimidade do poder de tributar pelo Estado, conforme visto anteriormente[235].

Considerando-se, portanto, que tal modelo consiste, em essência, em extensão do resultado de Ramsey, com a diferença de admitir a existência de vários agentes econômicos e o dilema que se desdobra entre eficiência econômica e equidade de acordo com a função de bem-estar social do governo, inegável que a respectiva elaboração pode ser entendida como um avanço na teoria do ótimo da tributação.

Em atenção ao fato de que a tributação resta atrelada ao investimento público e a um método complementar de controle da economia, os autores afirmam que quanto maior a preocupação do governo e da sociedade com os agentes mais pobres, menor a variação da demanda dos agentes

232 Id.

233 DIAMOND, Peter A.; MIRRLEES, James A. **Optimal Taxation and Public Production I: Production Efficiency**. Pittsburgh: American Economic Association, 1971. Disponível em: https://www.jstor.org/stable /pdf/1910538.pdf?refreqid=excelsior%3A173305d036c4d1e7b8642999689992c3. Acesso em: 20 de junho de 2020.

234 CALIENDO, Paulo. **Direito Tributário e análise econômica do Direito: uma visão crítica.** Rio de Janeiro: Elsevier, 2009, p. 278.

235 RAMSEY, Frank. **A Contribution to the Theory of Taxation.** Oxford: Oxford University Press, 1927, pp. 58-61. Disponível em: https://msuweb.montclair.edu/~lebelp/RamseyTaxationEC1927.pdf. Acesso em 01 de janeiro de 2020.

ocasionada pelo imposto ótimo. Portanto, a estrutura de tributação ótima resultante é aquela que pondera os objetivos almejáveis em qualquer sistema tributário: eficiência e equidade[236].

Destarte, não obstante a relevância dessas observações, destaca-se que James Mirlees procede com seus estudos até os dias de hoje por meio do que denomina de *Mirlees Review*, aproveitando-se inclusive da análise de outros economistas contemporâneos para identificar o que constitui um bom sistema tributário para a economia do século XXI, sugerindo, portanto, formas de reformulação do sistema tributário do Reino Unido para fins de avanço numa direção ideal[237].

Considerando-se que os estudos posteriores aos modelos de Ramsey, de Diamond e de Mirrlees se dedicam a uma estrutura do imposto ótimo baseada nas preferências dos consumidores e na preocupação do governo com o bem-estar dos agentes econômicos, nota-se que a maior parte dos modelos empíricos sugeridos resulta em estrutura tributária caracterizada por uma seletividade das alíquotas mensurada com base em condições específicas associadas à preferência do consumidor, sem que, entretanto, se conjecture objetivos concretos de eficiência.

Não obstante a falta de enfoque conferida pelos citados autores quanto à avaliação valorativa das alíquotas ótimas capazes de atingir ambos os objetivos da eficiência e da equidade de acordo com o impacto no mercado e no comportamento dos agentes, conforme pontua Myles, tais estudos são relevantes na medida em que sugerem a forma como a distribuição dessas alíquotas deve ocorrer para que os referidos objetivos se concretizem de maneira adequada conforme distintos cenários econômicos[238].

236 DIAMOND, Peter A.; MIRRLEES, James A. **Optimal Taxation and Public Production I: Production Efficiency**. Pittsburgh: American Economic Association, 1971 p. 8. Disponível em: https://www.jstor.org/ stable/pdf/1910538.pdf?refreqid=excelsior%3A173305d036c4d 1e7b8642999689992c3. Acesso em: 20 de junho de 2020.

237 MIRLEES, James. **Dimensions of Tax Design**. The Mirrlees Review. London: The Institute for Fiscal Studies, 2011. Disponível em: https://www.researchgate.net/publication/50876719_Dimensions_of_Tax_Design_ The_ Mirrlees_Review. Acesso em 24 de dezembro de 2020.

238 MYLES, Gareth. D. **Public economics**. Cambridge: Cambridge University Press; 2001. Disponivel em: https://people.exeter.ac.uk/gdmyles/papers/pdfs/pubec.pdf. Acesso em 01 de janeiro de 20201, p. 108.

Para tanto, a literatura menciona o surgimento de estudos empíricos relacionados às teorias de Ramsey, Mirlees e Diamond, com enfoque em sua maioria na avaliação de demanda para obter os resultados relacionados as alíquotas ótimas, em vias de confirmar os modelos propostos pelos mencionados autores ou incluir algum fator especial para verificar as mudanças nos resultados.

Nesse sentido, convém destacar o trabalho de Atkinson e Stiglitz, de 1971, por meio do qual se busca calcular o imposto ótimo a partir de considerações sobre as funções de demanda ocorridas na Suécia, no Canadá e na OCDE, obtendo, dessa forma, resultados semelhantes à "regra de Ramsey[239].

Assim, passados quase 35 (trinta e cinco) anos, os preditos economistas foram capazes de unir a análise teórica da tributação ótima sobre bens e serviços com a introdução de uma estrutura tributária sobre a renda. Para eles, portanto, dadas algumas restrições quanto à forma de tributação de renda e às especificações nas preferências dos agentes econômicos, a estrutura de tributação ótima sobre bens é representada pela uniformidade das alíquotas.

Convém observar que a importância dessa análise deriva principalmente do seu respaldo numa lógica de inter-relação de bases tributárias diversas e o seu papel no que diz respeito aos objetivos de equidade e eficiência em um sistema tributário, o que passa, portanto, a influenciar os poucos, porém existentes trabalhos sobre o assunto no território nacional brasileiro, como, por exemplo, o estudo elaborado pelos autores brasileiros José Ricardo Barbosa, Ana Luiza Neves e Rozane Siqueira[240].

Dessa forma, por meio da obra *O imposto ótimo sobre o consumo: Resenha da teoria e uma aplicação ao caso brasileiro*, os mencionados economistas analisam a estrutura de tributação ótima com relação aos bens e serviços diante de hipóteses alternativas com respeito às atitudes do governo quanto à desigualdade, às restrições dos instrumentos tributários, às preferências do consumidor e ao nível de receita do governo.

[239] STIGLITZ, Joseph E.; ATKINSON, Anthony B. **The design of tax structure: direct versus indirect taxation.** Journal of Public Economics, 1976, pp. 55-75. Disponível em: https://www.sciencedirect.com/science /article/abs/ pii/0047272776900414. Acesso em 01 de janeiro de 2021.

[240] SIQUEIRA, Rozane B.; NOGUEIRA, José R.; BARBOSA, Ana L. N. H. **Teoria da Tributação Ótima.** In: ARVATE, Paulo; BIDERMAN, Ciro. (Org.). Economia do Setor Público no Brasil. Rio De Janeiro: Elsevier, 2004, pp. 173-175.

Para tanto, os estudiosos chegam a 4 (quatro) resultados em que se nota uma estrutura de tributação com respaldo na seletividade das alíquotas sobre bens e na transferência de renda uniforme para todos os agentes econômicos pelo governo. Tais resultados vão corresponder a distintas estruturas de alíquotas conforme o peso atribuído ao parâmetro denominado ε^{23}, que considera a receita governamental de 10 (dez) categorias de bens e as despesas e preferências de famílias de 11 (onze) cidades brasileiras.

Em resumo, as evidências recolhidas pelos autores brasileiros são no sentido de que o investimento do governo no enfoque ao combate à desigualdade é baixo, as alíquotas entre os distintos bens tendem a ser mais uniformes, enquanto que nas situações em que o governo investe mais num combate à desigualdade, observa-se uma aplicação de alíquotas menores para bens consumidos por famílias ou consumidores de renda inferior[241].

Dessa maneira, muito embora os mencionados ensaios não sejam o foco do presente trabalho, ressalta-se que as respectivas conclusões sobre a avaliação do sistema tributário de maneira a englobar medidas conjugadas de cunho de seletividade de alíquotas conforme categorias de bens, preferências dos consumidores e a aludida renda para o alcance de uma concretude dos objetivos de neutralidade são enxergadas como fundamentais para os estudos sobre tributação.

Nesse sentido, convém pontuar a crença de que as referenciadas premissas acabaram por gerar impactos positivos que podem ser observados na matéria objeto dos debates que se verificam na atual circunstância da reforma tributária brasileira e que, em muito, refletem as preocupações com a existência de coerência entre a tributação e os correlatos impactos sobre os distintos negócios da atual conjuntura da economia digital[242], ou seja, com a neutralidade fiscal.

[241] Um exemplo seria no que concerne à educação e ao transporte, em que se dá um aumento de alíquota em virtude do consumo por consumidores com renda mais elevada. SIQUEIRA, Rozane B.; NOGUEIRA, José R.; BARBOSA, Ana L. N. H. **Teoria da Tributação Ótima.** In: ARVATE, Paulo; BIDERMAN, Ciro. (Org.). Economia do Setor Público no Brasil. Rio De Janeiro: Elsevier, 2004, pp. 173-175.

[242] Tal como afirma Felipe Renault, a premissa de uma reforma tributária e de uma simplificação da tributação resta uníssona nos debates da OCDE e do Brasil, sendo que, internamente, os debates sobre a repartição de competências que se corporifica nas distintas formas de

3.5. As Máximas da Teoria do Ótimo de Adam Smith

Conforme adverte Adam Smith, não obstante a estrutura tributária que se adote em um país, a base da imposição fiscal vai sempre consistir no rendimento privado dos indivíduos, o qual vai ser oriundo, em última análise, das 3 (três) fontes distintas do lucro, dos aluguéis ou renda e dos salários, de maneira que tais preceitos da tributação vão sempre refletir na harmonia social e na acumulação de capital pelos cidadãos[243].

De tal maneira, ao longo do trabalho do citado autor britânico, é possível notar o aspecto central da mencionada noção acerca dos fatos econômicos sujeitos à tributação pelo Estado, tanto no que tange à definição dos princípios orientadores da tributação ideal quanto para a avaliação feita sobre a adequação das alíquotas das referidas exações.

Nesse sentido, importante ressaltar que Adam Smith descreve como ideais os impostos que denomina de justos, ou seja, os tributos que não intervenham no funcionamento harmônico da sociedade ou que alterem o status de equilíbrio entre o bem-estar dos agentes econômicos e a produção de receita suficiente para o Estado.

Assim, o economista analisa a tributação de sua época sob as perspectivas apartadas dos princípios para uma tributação ideal e dos efeitos da incidência dos impostos sobre os rendimentos das classes sociais e a acumulação do capital por estas, traçando, portanto, estudo que independentemente de quaisquer críticas literárias se presta a servir como base para a elaboração dos ordenamentos jurídico-tributários subsequentes[244].

No que concerne aos entendimentos contrários àqueles elaborados por Adam Smith, nota-se que a literatura sugere inconformidades tanto quanto à forma dual do autor de observar a sociedade, como no que diz

tributação de riquezas acabam por consistir em ponto crucial para um avanço em termos de complexidade do sistema tributário brasileiro. RENAULT, Felipe K. **Reforma tributária e economia digital: nunca o ótimo se tornou tão inimigo do bom.** JOTA, 2020. Disponível em: https://www.jota.info/opiniao-e-analise/colunas/coluna-da-abdf/eco nomia-digital--reforma-tributaria-otimo-se-tornou-inimigo-do-bom-09112020. Acesso em 02 de janeiro de 2020.

243 SMITH, Adam; CAMPBELL, Roy H.; SKINNER, Andrew S. **An Inquiry into the nature and causes of the wealth of nations.** Volume II. Liberty Fund Inc., 1984, pp. 825-828.

244 SCHOUERI, Luis Eduardo. **Direito tributário.** São Paulo: Editora Saraiva, 2018, p. 42.

respeito a suposto distanciamento de seus princípios do sistema tributário ótimo da problemática envolvendo os efeitos dos tributos da sua época[245].

Apesar da delimitação das máximas por Adam Smith poder ser entendida como insuficiente para a concretização de um ideal quanto à tributação, a literatura reconhece, em sua maior parte, a essencialidade do estudo para a problemática da interferência excessiva dos custos tributários nas receitas privadas, recomendando, portanto, a correlata associação com os sistemas tributários dos distintos países, mormente no atual momento de debates sobre a tributação da economia digital[246].

Tal como Adam Smith descreve na obra *A Riqueza das nações*[247], os cânones do sistema tributário ideal consistem em: i. Os indivíduos devem contribuir para a arrecadação do Estado na proporção de sua capacidade contributiva/rendimentos; ii. O tributo deve ser certo e não arbitrário; iii. Todo tributo deve ser arrecadado pela maneira menos gravosa ao contribuinte; e iv. Todo tributo deve ser arrecadado ao menor custo possível para o contribuinte e para o Fisco.

Assim, passando-se à leitura de tais preceitos, quanto à equidade aplicada por meio da noção de capacidade contributiva, observa-se enfoque na proposta de lisura da tributação pela sua capacidade de estabelecer procedimentos que concretizam uma redistribuição de renda, o que resta entendido como configurado pela aplicação de estrutura tributária alinhada com as habilidades dos agentes privados[248].

Quanto à noção de certeza da segunda máxima, identifica-se entendimento pela necessidade de transparência quanto aos motivos pelos quais as obrigações tributárias são impostas, a forma como elas se verificam e a destinação dada ao montante retirado da propriedade privada, de maneira

[245] Ibid., pp. 47-48.

[246] DOWNER, Pauline. **Taxation of Electronic Commerce (e-comm): Examination of Canadian Government Tax Policies and Directives Application of Adam Smith's Canons of Taxation.** Journal of Financial Management & Analysis. Disponível em: https://papers.ssrn.com/sol3/papers.cfm?abstract_id=2858469. Acesso em 23 de dezembro de 2020.

[247] SMITH, Adam; CAMPBELL, Roy H.; SKINNER; Andrew S. **An Inquiry into the nature and causes of the wealth of nations.** Volume II. Liberty Fund Inc., 1984, pp. 825-828.

[248] Ibid., p. 825.

que o sistema tributário possa ser bem compreendido e legitimamente aceito, conjecturando-se os efeitos sociais da tributação[249-250].

Com relação à conveniência no recolhimento, a literatura afirma que para que os propósitos redistributivos sejam alcançados pela tributação sem que se cause distorções no mercado, cabe ao respectivo sistema promover mecanismos internos de minimização dos efeitos negativos trazidos ao trabalho e à produção, configurando-se equilíbrio harmônico entre o ingresso de receitas e o bem-estar perdido pela arrecadação[251].

Sob perspectiva de distorção da economia atrelada a ideal de custos mínimos ao mercado, a teoria propõe que o sistema tributário em nível ótimo tem como intuito englobar desenho estrutural que implique menores custos de administração, entendidos como aqueles para a sua implementação, *compliance* e *enforcement*[252].

De tal maneira, quanto aos 3 (três) últimos princípios, quais sejam, a certeza, a conveniência no pagamento e a menor distorção do mercado, a literatura identifica uma correlação com reconhecidos problemas relacionados à administração dos impostos. Já com relação ao primeiro princípio, qual seja, o axioma da equidade, restam identificadas opiniões bastante discordantes nas distintas teorias aplicadas com base nas premissas de Adam Smith[253].

Quanto à quarta máxima da distorção do mercado, a interpretação literária costuma se manifestar por meio de uma preocupação administrativa

[249] MIRRLEES, James A. **An Exploration in the Theory of Optimal Income Taxation**. Oxford: Oxford University Press, 1971. Disponível em: https://www.jstor.org/stable/2296779?seq=1#metadata _info_ tab_ contents. Acesso em: 20 de junho de 2020.

[250] DOWNER, Pauline. **Taxation of Electronic Commerce (e-comm): Examination of Canadian Government Tax Policies and Directives Application of Adam Smith's Canons of Taxation.** Journal of Financial Management & Analysis. Disponível em: https://papers.ssrn.com/sol3/papers.cfm?abstract_id=2858469. Acesso em 23 de dezembro de 2020.

SMITH, Adam; CAMPBELL, Roy H.; SKINNER; Andrew S. **An Inquiry into the nature and causes of the wealth of nations.** Volume II. Liberty Fund Inc., 1984, pp. 825-826.

[251] Ibid., p. 826.

[252] OLBERT, Marcel; SPENGEL, Christoph. **International taxation in the digital economy: challenge accepted**. Amsterdam: World tax journal, 2017. Disponível em: https://www.ibfd.org/sites/ibfd .org/files/content /img/ product/april_p pv_wtj_2017_01_int_4_international_taxation.pdf. Acesso em 20 de junho de 2020.

[253] ARIENTI, Wagner L. **A Teoria Tributária de Adam Smith: Uma Revisão,** p. 43. Disponível em: https://perio dicos.ufsc.br/index.php/economia/article/view/6565.

quanto à/ao: i. Exigência de número elevado de agentes para o trato da burocracia; ii. Tentação para a sonegação de tributo complexo; iii. Incômodo pelo excesso de inspeção na tributação complexa; iv. Reconhecimento das dificuldades para a iniciativa das pessoas; e v. Desestímulo para aplicação de recursos em negócios que poderiam criar empregos[254].

Sob tais linhas, parte da literatura afirma que os economistas neoclássicos do ótimo irão direcionar o foco dos seus trabalhos para o desenvolvimento do último cânone da teoria do ótimo e que diz respeito à neutralidade dos impostos ou à produção de menores custos pela tributação para fins de manutenção da alocação de recursos nos moldes do mercado em equilíbrio[255].

Entendendo-se, entretanto, que o correspondente propósito de alcance da neutralidade fiscal e de menor interferência na alocação de recursos no mercado se configura por meio da aplicação de todas as 4 (quatro) máximas propostas pelo economista britânico e não somente com base nos objetivos de produção de menores custos, convém mencionar a concepção de que as aludidas premissas são embrionárias no que concerne à teoria do ótimo da tributação na sua integralidade.

Compreendendo-se que os axiomas de Adam Smith para uma tributação ótima são capazes de proporcionar abordagem mais completa das medidas para a solução da problemática do peso dos tributos sobre as atividades econômicas[256], prestando-se, da mesma forma, para auxiliar na

[254] SMITH, Adam; CAMPBELL, Roy H.; SKINNER; Andrew S. **An Inquiry into the nature and causes of the wealth of nations.** Volume II. Liberty Fund Inc., 1984, pp. 826-827.

[255] Muito embora Adam Smith trate de analisar os tributos incidentes sobre os alugueis, lucro e salários, ele menciona a prevalência das máximas em detrimento dos demais estudos nos seguintes termos: " A receita privada de indivíduos, como foi mostrado no primeiro livro desta investigação, surge em última instância de três fontes diferentes; Aluguel, lucro e salários). Todo imposto deve finalmente ser pago de um ou outro desses três tipos diferentes de receita, ou de todos eles indiferentemente. Antes de entrar no exame de impostos específicos, é necessário estabelecer as quatro máximas a seguir com respeito aos impostos em geral". Ibid., p. 825.

[256] DOWNER, Pauline. **Taxation of Electronic Commerce (e-comm): Examination of Canadian Government Tax Policies and Directives Application of Adam Smith's Canons of Taxation**. Journal of Financial Management & Analysis. Disponível em: https://papers.ssrn.com/sol3/papers.cfm?abstract_id=2858469. Acesso em 23 de dezembro de 2020. ORGANIZAÇÃO PARA A COOPERAÇÃO E DESENVOLVIMENTO ECONÔMICO (OCDE). **Tax challenges raised by digitalisation.** Relatório. Paris: OECD, 2015. Disponível em: https://www.oecd.org/tax/beps/beps-actions/action1/. Acesso em: 19 de fevereiro de 2020.

busca por um equilíbrio entre a arrecadação de receita, a redistributividade e a eficiência por meio da tributação, o que se enquadra como uma neutralidade fiscal, sugere-se a análise do sistema tributário brasileiro com base nos correspondentes cânones.

4.
A REGULAÇÃO TRIBUTÁRIA DA ECONOMIA DIGITAL E O ESTUDO DE CASO DO TRANSPORTE POR APLICATIVO NO BRASIL

4.1. A Conjuntura Internacional da Regulação Tributária da Economia Digital

Considerando a correlação feita pela literatura entre a geração, o acúmulo de riqueza e a tributação[257], nota-se que a identificação da recente problemática da erosão da base fiscal a nível global e da perda de valores estimados em 100 (cem) a 240 (duzentos e quarenta) bilhões de dólares a título de receita pelas distintas nações soberanas tem levado entidades internacionais a buscarem medidas para o que apontam como deficiências do sistema tributário internacional[258].

Nos termos do trabalho *Evaluating BEPS: A Reconsideration of the Benefits Principle and Proposal for UN oversight*, Reuven Avi-Yonah menciona o fato

[257] SMITH, Adam; CAMPBELL, Roy H.; SKINNER; Andrew S. **An Inquiry into the nature and causes of the wealth of nations.** Volume II. Liberty Fund Inc., 1984, pp. 825-828.

[258] ORGANIZAÇÃO PARA A COOPERAÇÃO E DESENVOLVIMENTO ECONÔMICO (OCDE). **Background Brief. Inclusive Framework on BEPS**, 2017, p. 7. Disponível em: http://www.oecd.org/tax/beps/ background-brief-inclusive-framework-for-beps-implementation.pdf. Acesso em: 2 de janeiro de 2020.

de que o incremento na preocupação com a problemática envolvendo a perda de arrecadação fiscal por parte dos principais países do mundo em virtude dos efeitos da digitalização da economia não é recente, sendo, portanto, percebido desde o contexto da crise financeira ocorrida no ano de 2008[259].

Atualmente os debates que têm sobressaído no cenário internacional consistem naqueles realizados sob a tutela da OCDE e do G20, por meio do projeto BEPS, com a propositura de medidas para a identificação e redução das práticas fiscais prejudiciais e de abusos no que diz respeito a tratados internacionais pelos distintos países do mundo, que, viabilizada pela economia digital, tem contribuído para o que se verifica como um colapso fiscal[260].

No Projeto BEPS, identifica-se as seguintes 15 (quinze) ações: 1. Desafios Fiscais advindos da digitalização; 2. Neutralizando os Efeitos de Acordos híbridos incompatíveis; 3. Sociedades Estrangeiras Controladas; 4. Limitação à Dedução de juros; 5. Práticas Fiscais Prejudiciais; 6. Prevenção ao Abuso de Tratados; 7. Status dos Estabelecimentos Permanentes; 8-10. Preços de Transferência; 11. Análise de dados do BEPS; 12. Regras de divulgação de informações; 13. Relatório de país a país; 14. Procedimentos para Acordos Mútuos; e 15. Instrumento multilateral[261].

Apesar da constatação de que o assunto da tributação da economia digital permeia todas as 15 (quinze) ações do BEPS, o desdobramento desse quadro se dá na Ação 1, que trata da tributação sob o viés do deslocamento da competência tributária que se verifica pela realidade da condução dos negócios e atividades empresariais de

[259] AVI-YONAH, Reuven S. **Evaluating BEPS: A Reconsideration of the Benefits Principle and Proposal for UN Oversight.** University of Michigan Law School: University of Michigan Law School Scholarship Repository, 2016, p. 185. Disponivel em: https://repository.law.umich.edu/cgi/viewcontent.cgi?article=2868& context=articl es. Acesso em 02 de janeiro de 2020.

[260] OCDE. **Background Brief. Inclusive Framework on BEPS**, 2017. Disponível em: http://www.oecd.org /tax/beps/background-brief-inclusive-framework-for-beps-implementation.pdf. Acesso em: 2 de janeiro de 2020.

[261] ORGANIZAÇÃO PARA A COOPERAÇÃO E DESENVOLVIMENTO ECONÔMICO (OCDE). **BEPS Actions.** Disponível em: http://www.oecd.org/tax/beps/beps-actions/. Acesso em 02 de janeiro de 2021.

forma independente de um estabelecimento físico e que resta identificada como um dos pontos centrais da problemática da erosão da base fiscal[262].

Considerando que os ordenamentos tributários se apoiam no conceito de estabelecimentos físicos, de competência territorial e de bens tangíveis para fins de imposição fiscal[263], nota-se que a flexibilidade oferecida pelo mercado digitalizado levou à configuração de conjuntura em que as empresas multinacionais passam a prestar serviços e a vender bens nos distintos territórios, sem conexão com a jurisdição daquele país, deixando, portanto, de contribuir com os cofres públicos a título de renda e patrimônio dos negócios digitais.

Com relação à tributação sobre o consumo, em face da possibilidade da realização de fluxo de bens e serviços digitais de maneira pulverizada pela via digital no contexto das chamadas "*crossborder transactions*", afigura-se situação de indeterminação da jurisdição competente para tributar as operações realizadas sobre tais bens e serviços, que, em boa parte intangíveis, não são identificados pelas autoridades fiscais, o que implica desafio de enquadramento tributário e aumenta as possibilidades de guerras fiscais.

Assim, observa-se que a OCDE vem buscando oferecer respostas concretas para os desafios atrelados às mencionadas impossibilidades de tributação sobre a renda, patrimônio e consumo do que se admite como uma nova realidade de geração de riqueza digital e intangível da era da economia digital e os correspondentes efeitos de conformação de uma injusta e desigual repartição de receita e de competência em matéria fiscal a nível global.

Segundo a OCDE, tais pontos são capazes de provocar grandes desequilíbrios ou distorções quanto às atividades econômicas da economia digital, seja por conta de tributação excessiva ou pela afetação

[262] ORGANIZAÇÃO PARA A COOPERAÇÃO E DESENVOLVIMENTO ECONÔMICO (OCDE). **Tax and Digitalization**, OECD Going Digital Policy Note. Paris: OECD, 2019. Disponível em: «https://bit.ly/2u7Wo8a». Acesso em: 19 de fevereiro de 2020.

[263] DOWNER, Pauline. **Taxation of Electronic Commerce (e-comm): Examination of Canadian Government Tax Policies and Directives Application of Adam Smith's Canons of Taxation.** Journal of Financial Management & Analysis. Disponível em: https://papers.ssrn.com/sol3/papers.cfm?abstract_id=2858469. Acesso em 23 de dezembro de 2020.

da livre concorrência em razão de uma completa desigualdade provocada pela falta de tributação no que se refere aos distintos agentes do mercado[264].

Conforme a justificativa da ação 1, a OCDE traçou como objetivos: i. Abordar a questão da presença de negócios e atividades sem presença física; ii. Determinar a base e o local de pagamento do imposto, estabelecendo qual parte dos lucros pode ou deve ser tributada nas jurisdições em que os clientes e / ou usuários estão localizados; e iii. Impedir a transferência de lucros para jurisdições de impostos baixos ou inexistentes, facilitada pelas tecnologias, assegurando nível mínimo de imposto a ser pago pelas empresas multinacionais[265].

Em conformidade com o cronograma para a apresentação de importantes conclusões no relatório da Ação 1, a OCDE emitiu o trabalho *Addressing the Tax Challenges of the Digital Economy, Action 1 – 2015 Final Report*[266], firmando as bases iniciais para os debates sobre as questões tributárias relacionadas ao comércio eletrônico, incluindo-se, por exemplo, o que concebeu como princípios orientadores fundamentais das políticas fiscais no contexto da digitalização da economia e que se pretende averiguar neste trabalho mais à frente[267].

[264] COSTA, José A.L. **Tributação da Economia Digital.** Valor Econômico, 2020. Disponível em: https://valor.globo.com/legislacao/noticia/2020/02/19/tributacao-da-economia-digital.ghtml. Acesso em 02 de janeiro de 2021.

[265] ORGANIZAÇÃO PARA A COOPERAÇÃO E DESENVOLVIMENTO ECONÔMICO (OCDE). **BEPS Actions.** Disponível em: http://www.oecd.org/tax/beps/beps-actions/. Acesso em 02 de janeiro de 2021.

[266] ORGANIZAÇÃO PARA A COOPERAÇÃO E DESENVOLVIMENTO ECONÔMICO (OCDE). **Tax challenges raised by digitalisation.** Relatório. Paris: OECD, 2015. Disponível em: https://www.oecd.org /tax/ beps/beps-actions/action1/. Acesso em: 19 de fevereiro de 2020.

[267] Conforme a OCDE, os resultados da ação consistem nos seguintes: i. Ação 1 do BEPS – Enfrentando os desafios fiscais da economia digital, em outubro de 2015; ii. Entrega do Relatório Provisório, em março de 2018; iii. Nota sobre Regulamento, em janeiro de 2019: iv. Consulta Pública, de fevereiro/março de 2019; v. O programa de trabalho para o desenvolvimento de solução acordada quantos aos desafios da tributação oriundos da digitalização da economia de maio de 2019; v. Consulta Pública – Proposta para um *approach* unificado no Pilar número 1 de novembro de 2019; vi. Consulta Pública sobre a proposta global antierosão da base fiscal correspondente ao pilar 2 (GLOBE) de dezembro de 2019; vii. Declaração do Quadro Inclusivo da OCDE / G20 sobre BEPS sobre a Abordagem de Dois Pilares para

Conforme dispõe a OCDE no referenciado trabalho, portanto, em um contexto em que muitos governos têm que lidar com menos receita em virtude do aumento das despesas e de crescentes restrições fiscais, o financiamento das despesas dos Estados ainda continua sendo o papel mais importante dos impostos, servindo estes, portanto, como meio para o custeio dos bens públicos para fins de manutenção da ordem e da infraestrutura pública[268].

Nesse sentido, considerando-se a necessidade da percepção de nível mínimo de receita fiscal e o reconhecimento da correlata dependência de políticas econômicas e fiscais globais, a OCDE faz menção a algumas exortações em matéria de política tributária tais como a observação acerca da necessária aplicação de princípios orientadores do desenvolvimento dos sistemas de tributação, incluindo, para tanto, as premissas de neutralidade, eficiência, certeza, simplicidade, eficácia, justiça e flexibilidade[269].

Apesar da consolidação da maior parte dessas premissas de forma relevante no cenário da teoria econômica, por meio das avaliações da teoria do ótimo da tributação, nota-se que a OCDE vem enfrentando dificuldades no que diz respeito a uma efetividade na aplicação de medidas concretas para a solução de alguns dos pontos da Ação 1[270].

Enfrentar os Desafios Fiscais decorrentes da Digitalização da economia de janeiro de 2020; viii. Entrega dos Relatórios sobre os Projetos do Pilar Um e do Pilar Dois de outubro de 2020; viii. Consulta Pública – Relatórios sobre os Projetos do Pilar Um e do Pilar Dois de Outubro-Dezembro de 2020; vix. Reuniões de consulta pública – Relatórios sobre os projetos do Pilar Um e do Pilar Dois de janeiro de 2021. Disponível em: https://www.oecd.org/tax/beps/beps-actions/action1/. Acesso em 02 de janeiro de 2021.

268 ORGANIZAÇÃO PARA A COOPERAÇÃO E DESENVOLVIMENTO ECONÔMICO (OCDE). **Tax challenges raised by digitalisation.** Relatório. Paris: OECD, 2015. Disponível em: https://www.oecd.org /tax/ beps/beps-actions/action1/. Acesso em: 19 de fevereiro de 2020.

269 Id.

270 DIAS, Felipe W. L. D. **Action 1 do Beps, Medidas Unilaterais Adotadas por Países e seus Impactos na Tributação dos Negócios da Economia Digital**. Revista Direito Tributário Internacional Atual (RDTI Atual), 2020. Disponível em: https://www.ibdt.org.br/RDTIA/n-7-2020/action-1-do-beps-medidas-unilaterais-adotadas-por-paises-e-seus-impactos-na-tributacao-dos-negocios-da-economia-digital/. Acesso em 02 de janeiro de 2020.

Assim, tal se deu com a delimitação do próprio conceito de economia digital[271] e com o cumprimento da proposta de estabelecimento de tributação unificada no que diz respeito ao consumo de bens e serviços digitais, o que, por si só, acabaria por representar acertada aproximação das premissas acima pontuadas[272].

Conforme discorrem Joachim Englisch e Johannes Becker, a OCDE editou parecer em 2019 com propostas de enfrentamento dos "desafios fiscais da digitalização da economia", apoiando-se nos pilares da reatribuição de direitos fiscais e no que chamou de "questões BEPS não resolvidas".

No trabalho restou incluída, da mesma forma, uma proposta específica para um imposto mínimo efetivo sobre os lucros das empresas multinacionais, a chamada "proposta global anti-erosão de base" (GLOBE), e que parece, entretanto, ainda não ter impactado os debates sobre as reformas tributárias das grandes nações do mundo[273].

Quanto ao imposto mínimo de combate à erosão da base fiscal a título de renda, os autores destacam se tratar de proposta com chances de sucesso para a diminuição da transferência de lucros e da erosão da base e com o favorecimento da competição tributária internacional por investimentos reais, garantindo, ainda, o estabelecimento de um mínimo para as taxas de imposto efetivas a incidirem sobre a renda oriunda dos mais variados negócios digitais[274].

Conforme Englisch e Becker, tal imposto mínimo também seria favorável para questões como a eficiência e a justiça do sistema tributário

[271] Tal como mencionado no início deste trabalho a definição de economia digital pela OCDE se deu recentemente no âmbito do relatório "A roadmap toward a common framework for measuring the digital economy", de 2020. Disponível em: http://www.oecd.org/sti/roadmap-toward-a-common-framework-for-measuring-the-digital-econ omy.pdf.. Acesso em 16 de janeiro de 2021.

[272] Quanto a uma proposta de elaboração de acordo global a informação diz respeito ao prazo do meio do ano de 2021. Disponível em: https://www.oecd.org/tax/beps/beps-actions/action1/. Acesso em 02 de janeiro de 2021.

[273] ENGLISCH, Joachim and BECKER, Johannes, **International Effective Minimum Taxation – The GLOBE Proposal** (April 11, 2019). Disponível em: https://ssrn.com/abstract=3370532 ou http://dx.doi .org/10.2139 /ssrn. 3370532. Acesso em 01 de janeiro de 2020, pp. 1-50.

[274] Id.

internacional, ressaltando, entretanto, a necessidade de cautela quanto ao correlato desenho em vias de tornar possível uma aceitação internacional, o que vem se mostrando como um dos grandes desafios de implementação das propostas da OCDE, a questão da compatibilização de interesses pelos diferentes governos das nações soberanas.

Para os autores, as adversidades relacionadas a um *tax design* dizem respeito à fixação da taxa mínima a nível global adequada aos distintos países, sugerindo-se como razoável para um imposto mínimo internacionalmente apropriado uma taxa efetiva entre 10% (dez por cento) e 12,5% (doze inteiros e cinco centésimos por cento).

O referido percentual pode ser mais elevado de acordo com as regras de inclusão de renda no país de origem das correlatas "empresas-mãe", o que demanda estudos complementares atrelados às peculiaridades dos distintos sistemas tributários e mercados[275], ponto este entendido como de dificuldades para o alcance das premissas de simplicidade e de flexibilidade do sistema tributário internacional.

Observando-se os obstáculos enfrentados pela OCDE para prosseguir com medidas concretas quanto a um arquétipo tributário a incidir sobre a renda e o consumo de bens e serviços digitais, o movimento da OCDE para a normatização tributária dos mercados sem presença física, de ativos intangíveis, de valores oriundos de dados pessoais e profissionais de usuários de redes sociais, por exemplo, ainda se encontra pendente de tratamento e aceitação pela maioria dos países do mundo[276].

Enquanto isso, o que se vê é o movimento de alguns países para a realização unilateral de reformas tributárias com enfoque em novo ponto de equilíbrio da regulação dessas atividades da economia digital[277], o que

[275] Ibid., p. 15.

[276] KUNTZ, Rolf; DAVOS, Em. **Plano para taxar economia digital pode ser lançado este ano, diz secretário da OCDE**. UOL, 2020. Disponível em: https://economia.uol.com.br/noticias/estadao-conteudo/2020/01/24/tribu tar-economia-digital-e-nova-prioridade.htm?cmpid=copiaecola. Acesso em 18 de dezembro de 2020.

[277] DIAS, Felipe W. L. D. **Action 1 do Beps, Medidas Unilaterais Adotadas por Países e seus Impactos na Tributação dos Negócios da Economia Digital**. Revista Direito Tributário Internacional Atual (RDTI Atual), 2020. Disponível em: https://www.ibdt.org.br/RDTIA/n-7-2020/action-1-do-beps-medidas-unilaterais-adotadas-por-paises-e-seus-

tem impactado a profundidade das mudanças propostas pelas distintas nações do mundo.

Tais nações vêm, em sua maioria, optando por instituir arquétipo tributário voltado unicamente às transações digitais, deixando de responder de maneira suficiente quanto ao que precisa ser mudado no sistema como um todo para que se forneça nível de tributação ótimo para tributar a riqueza gerada no contexto dos negócios e empresas multinacionais a nível global no século XXI[278].

Quanto à tentativa de elaboração de desenho de tributo específico sobre o consumo, o IVA digital, a incidir sobre a circulação de bens ou serviços digitais conforme se propôs em países da União Europeia e do Canadá, ademais da abordagem da erosão da base fiscal no consumo, boa parte dos países ainda não tratou da problemática da falta de tributação especifica sob o viés da renda e do patrimônio das *big techs* e que tanto afeta a receita, equidade, liberdade de iniciativa e de concorrência no mercado.

Haja vista que as medidas tomadas para a solução da questão da tributação da economia digital deixam de viabilizar a elaboração de respostas definitivas conformes com os princípios orientadores para o alcance de uma regulação tributária global em nível ótimo, nota-se a conformação de um cenário internacional de desincentivo econômico, decréscimo na geração de riqueza e consequente perda de receita fiscal no contexto da economia digital.

-impactos-na-tributacao-dos-negocios-da-economia-digital/. Acesso em 02 de janeiro de 2020.

278 Conforme Olbert e Spengel, face à digitalização da economia, o grande paradigma da tributação consiste no paradigma da criação de valor que oferece obstáculos ao regulador no sentido de estabelecer as hipóteses de incidência dos tributos. Nesse sentido, para eles a principal área de pressão para tributar as empresas digitais seria o preço de transferência. Para tanto, sugerem um conceito de criação de valor para melhor refino da orientação dos preços de transferência, alinhando-se, portanto, a tributação do lucro com a criação de valor. OLBERT, Marcel; SPENGEL, Christoph. **International taxation in the digital economy: challenge accepted.** Amsterdam: World tax journal, 2017. Disponível em: https://www.ibfd.org/sites/ibfd.org/files/content/ img/product/aprilppv_wtj_2017_01_int_4_internationaltaxation.pdf. Acesso em 20 de junho de 2020.

4.2. A Conjuntura da Regulação Tributária da Economia Digital no Brasil

Quanto ao Brasil, a regulação tributária da economia digital ainda desconforme com as premissas da OCDE também parece preponderar. Isto porque, apesar do interesse do atual chefe do poder executivo de que o Brasil componha o quadro de países membros da Organização, o que já se deu no passado por solicitação formal feita em 2017[279], o ingresso do Brasil na OCDE ainda não se consolidou, de forma que as relações entre as partes estão em estágio inicial por acordo de cooperação firmado em 2015, em Paris, e promulgado pelo Decreto 10.109/19[280].

Convém ressaltar que pelo "Acordo de Cooperação entre a República Federativa do Brasil e a Organização para a Cooperação e Desenvolvimento Econômico", a OCDE e o Brasil firmaram compromisso com uma colaboração conjunta de temas como a política macroeconômica, as reformas estruturais, o comércio, o investimento, a tributação, a tecnologia e inovação, a política de desenvolvimento, a conduta empresarial, a governança coorporativa, os créditos à exportação e a competitividade, nos termos do Preâmbulo do mencionado Acordo.

Conforme as seções 1 e 2 do Instrumento, a cooperação se dá pelo respeito às leis, regras e práticas das Partes, quanto às questões: i. Globais emergentes; ii. No apoio ao estabelecimento de políticas; iii. À implementação de reformas de políticas econômicas, sociais e ambientais; iv. No aprimoramento de políticas públicas e dos serviços públicos; e v. Apoio aos esforços para promoção de boa governança e de melhor compreensão dos desafios políticos das mudanças estruturais e do crescimento de longo prazo nos países em diferentes níveis de desenvolvimento.

Considerando-se tais medidas, portanto, convém destacar posicionamento no sentido de que o compromisso do Brasil com as diretrizes propostas pela OCDE deixou de ser ato político voluntário em prol das boas relações e um eventual e futuro ingresso em tal Organização, de forma

[279] BANCO CENTRAL DO BRASIL. **Organização para Cooperação e Desenvolvimento Econômico (OCDE).** Disponível em: https://www.bcb.gov.br/acessoinformacao/ocde. Acesso em 19 de dezembro de 2020.

[280] Decreto 10.109, de 07 de novembro de 2019. Disponível em: http://www.planalto.gov.br/ccivil_03/_ato2019-2022/2019/decreto/D10109.htm#anexo. Acesso em 19 de dezembro de 2020.

que o Brasil concordou, então, em observar o disposto pela Organização no que diz respeito às matérias acima mencionadas, incluindo-se as temáticas tributária e econômico-financeira[281-282].

Tendo em vista, portanto, o aumento das pressões sobre o país no sentido de corroborar com o que se entende internacionalmente como premissas de uma tributação ideal, e que, conforme será visto, deriva da proposta feita pelos teóricos da teoria da tributação ótima, quanto à compatibilidade das medidas tomadas pelo país com os preceitos da OCDE para a economia digital, menciona-se a edição do Decreto 10.139/19[283].

Tal norma diz respeito à determinação de redução do estoque regulatório e das normas obsoletas vigentes e de menor hierarquia, reduzindo a complexidade dos processos e fortalecendo a segurança jurídica para fins de diminuição do chamado Custo Brasil, que em conformidade com o manual de boas práticas da OCDE resta estimado como equivalente ao intervalo de 160 (cento e sessenta) a 200 (duzentos) bilhões de reais[284].

Entendendo-se que tal medida se apresenta em conformidade com o que se identifica como movimento de simplificação das políticas fiscais veiculada internacionalmente, menciona-se a leitura dos autores Eduardo Jordão e Luiz Filippe Cunha sobre o alinhamento dessa reanálise de

[281] MINISTÉRIO DAS RELAÇÕES EXTERIORES. **O Brasil e a OCDE.** Disponível em: http://www.itamaraty .gov.br/pt-BR/politica-externa/diplomacia-economica-comercial-e--financeira/15584-o-bras il-e-a-ocde. Acesso em 02 de agosto de 2020.

[282] RAUSCH, Aluizio P. **O Brasil, a OCDE e a incoerência na tributação do consumo:** A manutenção dos métodos brasileiros em relação ao ICMS e o ISS traz prejuízos concretos. Jota, 2019. Disponível em: https://www.jota.info/opiniao-e-analise/artigos/o--brasil-a-ocde-e-a-incoerencia-na-tributacao-doconsumo060920 19#:~:text=O%20Brasil%20pretende%20se%20tornar,Econ%C3%B4mico%20(%E2%80%9COCDE%E2%8%9D).&text=%C3%89%20inquestion%C3%A1vel%20que%20todas%20essas,e%20para%20o%20seu%20povo. Acesso em 30 de dezembro de 2020.

[283] Decreto 10.139, de 28 de novembro de 2019. Disponível em: http://www.planalto.gov.br/ccivil_03/_ato2019-2022/2019/decreto/D10139.htm. Acesso em 30 de dezembro de 2020.

[284] SEUDINHEIRO. **Bolsonaro edita 'revisaço' de regulações que pode economizar até R$ 200 bilhões.** Menos Burocracia, 2019. Disponível em: https://www.seudinheiro.com/2019/ministerio-da-economia/bolsonaro-edita-revisaco-de-regulacoes-que-pode-economizar-ate--r-200-bilhoes/. Acesso em 04 de fevereiro de 2021.

estoque regulatório com as "tendência internacionais das jurisdições estrangeiras mais avançadas em termos de governança regulatória" [285].

Nesse sentido, apesar de afirmarem que a ação do governo federal brasileiro não se configura ainda como uma efetiva reanálise do estoque de normas, os autores ressaltam a importância dessa racionalização das normas para o aumento de fatores como a transparência e a identificação das normas descompassadas.

Além de tal medida com enfoque na coerência das práticas regulatórias com base nas diretrizes da OCDE, é possível que se identifique o crescimento do número de propostas para a reforma do sistema tributário que atualmente se deflagra por meio da apresentação de projetos de lei (PECs).

Tais projetos embora deixem de veicular manifestação expressa sobre as questões do contexto da digitalização levantadas pela OCDE, se propõem a promover a simplificação do sistema tributário brasileiro e, da mesma forma, os encargos atrelados ao recolhimento de uma gama de tributos tal como se dá atualmente no país, agregando-se, com isso, além da simplicidade, clareza, neutralidade e uma resultante eficiência[286].

Somando-se às referidas manifestações por uma simplificação do sistema de tributação brasileiro em virtude de sua conhecida complexidade e excessividade de custos, no que tange às medidas de cunho tributário tomadas em virtude da digitalização da economia e da correspondente "crise" fiscal, convém mencionar o ensaio recente feito pelo poder executivo federal para a implementação de tributo específico a incidir

[285] JORDÃO, Eduardo F.; CUNHA, Luiz F. **Da AIR Prospectiva para a AIR retrospectiva.** Transformações do Direito Administrativo: Liberdades Econômicas e Regulação. Rio de Janeiro: FGV Direito Rio, 2019, pp.11-12. Disponível em: http://bibliotecadigital.fgv.br/dspace/bitstream/handle/10438/28851/4%C2%AA%20Prova_Final .pdf?sequence=1&isAllowed=y. Acesso em 27 de fevereiro de 2021.

[286] Os motivos apontam o excesso de burocracia, regressividade, tributação dos setores errados e desoneração dos setores errados por conta de guerra fiscal entre os entes federativos como fatores para as demandas por reforma tributária. JUNQUEIRA, Murilo de O. **O nó da reforma tributária no Brasil.** Revista Brasileira de Ciências Sociais, 2015. Disponível em: https://www.scielo.br/pdf/rbcsoc/v30n89/0102-6909-rbcsoc-30-89-0093.pdf. Acesso em 01 de agosto de 2020.

sobre as compras e pagamentos realizados de maneira eletrônica, ou pelo *e-commerce*[287].

Acerca do mencionado arquétipo, apelidado pelos veículos de comunicação de "nova CPMF", conforme informação do governo, o objetivo para a respectiva criação diz respeito à percepção do aumento no fluxo do consumo digital durante o isolamento social pela pandemia do Covid-19, mas sem o correlato enquadramento por completo, pelas espécies tributárias previstas na legislação brasileira, de forma a implicar relevante perda de arrecadação fiscal[288-289].

Em termos concretos, como já se mencionou, considerando-se que no contexto da economia digital resta deflagrada uma nova perspectiva acerca do deslocamento de competência tributária, com a desnecessidade da presença física dos estabelecimentos comerciais nas distintas nações do mundo e o incremento da erosão fiscal, identifica-se a transferência dos lucros dos serviços prestados e das compras realizadas a consumidores brasileiros a outros países por meio de empresas estrangeiras sem estabelecimento físico no Brasil.

Assim, em conformidade com a atual legislação tributária, nota-se ser praticamente inviável a incidência e cobrança de tributos sobre a operação pelo Brasil, passando-se tal competência para a jurisdição do país no qual

[287] As outras propostas de reforma tributária mais recentes além da proposta para a criação da "nova CPMF" consistem na PEC 45/2019, originada na Câmara dos Deputados, e na PEC 110/19, com propositura pelo Senado. CALGARO, Fernanda. **Reforma tributária: entenda as propostas em discussão no Congresso.** GLOBO, 2019.
Disponível em: https://g1.globo.com/politica/noticia/2019/09/02/reforma-tributaria--entenda-as-propostas-em-discussao-no-congresso.ghtml.

[288] URIBE, Gustavo; CHAIB, Julia. **Bolsonaro autoriza Guedes a testar 'nova CPMF' no Congresso.** Folha de São Paulo, 2020. Disponível em: https://www1.folha.uol.com.br/mercado/2020/07/mesmo-com-resistencia-do-congresso-bolsonaro-autoriza-guedes-a--testar-nova-cpmf.shtml. Acesso em: 01 de agosto de 2020.

[289] O apelido diz respeito à semelhança com o tributo federal extinto no ano de 2007 denominado de "contribuição provisória sobre movimentação financeira (CPMF)", e cobrado sobre quase todas as movimentações bancárias como os saques, pagamentos de faturas, em cartões de crédito e transferências bancárias. FOSSATI, Gustavo. **CPMF: tributo eficiente, mas amoral. Não é um tributo sobre movimentação financeira que resgatará a moral tributária do Estado.** Jota, 2019.Disponível em: https://www.jota.info/opin ião-e-analise/artigos/cpmf--tributo-eficiente-mas-amoral-05102019. Acesso em 22 de fevereiro de 2021.

a empresa está localizada, nos termos do princípio da territorialidade, previsto pelo artigo 102, do Código Tributário Nacional.

Não obstante a referida problemática, entende-se que não resta justificada a implementação unilateral pelo país de mais um arquétipo tributário no contexto de já confusa malha tributária, sobrecarregando-se mais uma vez o mercado nacional de forma discrepante com países com menor tributação, favorecendo-se a fuga das empresas para países com uma tributação mais discreta, os denominados paraísos fiscais [290-291].

Ademais dessas 2 (duas) medidas ensaiadas para fins de simplificação da malha tributária ou para o adimplemento do compromisso firmado pelo Brasil com a OCDE, convém pontuar notável movimento dos Poderes Legislativo e Executivo de interpretação extensiva das normas tributárias existentes no que concerne à definição de competência para fins de abarcamento das hipóteses de incidência tributária sobre os fatos econômicos do contexto da economia digital.

Ressalta-se que a implementação de medidas emergenciais de contenção de perda de receita fiscal além de abrir espaço para cobranças desamparadas do substrato normativo necessário para fins de exercício do poder de tributar pelos distintos entes federativos, é capaz de produzir custos substanciais em virtude de uma disputa por competência tributária no Brasil, a denominada guerra fiscal, o que tem se verificado, por exemplo, no que diz respeito aos estados, ao Distrito Federal e aos munícipios com relação à tributação dos *softwares*[292-293].

[290] Conforme o artigo 102, da Lei 5172/66: "A legislação tributária dos Estados, do Distrito Federal e dos Municípios vigora, no País, fora dos respectivos territórios, nos limites em que lhe reconheçam extraterritorialidade os convênios de que participem, ou do que disponham esta ou outras leis de normas gerais expedidas pela União". Lei nº 5. 172, de 25 de outubro de 1966. Disponível em http://www.planalto.gov.br/ccivi l03/leis/l5172compilado.htm. Acesso em 01 de janeiro de 2021.

[291] DOWNER, Pauline. **Taxation of Electronic Commerce (e-comm): Examination of Canadian Government Tax Policies and Directives Application of Adam Smith's Canons of Taxation**. Journal of Financial Management & Analysis, pp. 4-5. Disponível em: https://papers.ssrn.com/sol3/papers.cfm?abstract_id=2858469. Acesso em 23 de dezembro de 2020.

[292] BUTZE, Brunna H. B. M. **Guerra fiscal na tributação de softwares no Brasil**. Jota, 2020. Disponível em: https://www.jota.info/opiniao-e-analise/artigos/guerra-fiscal-na-tributacao-de-softwares-no-brasil-22062020. Acesso em 25 de junho de 2020.

[293] FOSSATI, Gustavo. **Ajustando a CBS ao modelo alemão e às recomendações da OCDE para economia digital.** CONJUR, 2020. Disponível em: https://www.conjur.com.

Quanto às chances de ilegalidades e de regressividade pela concessão de espaço para o preenchimento das lacunas do ordenamento aos entes federativos, acrescenta-se a possibilidade de interpretações adicionais e unilaterais pelos Fiscos dos aludidos entes, tal como ocorre com o Conselho Administrativo de Recursos Fiscais (CARF).

Tal ponto se observa com relação ao CARF quando do julgamento de recursos dos contribuintes envolvendo celeumas na aplicação da legislação referente a tributos administrados pela Secretaria da Receita Federal do Brasil, nos termos dos incisos IV e XII do artigo 3º, da Portaria MF no 343/15[294], que aprova o Regimento Interno do Conselho Administrativo de Recursos Fiscais.

Muito se fala sobre os riscos da atuação do Conselho no sentido de agir como agência reguladora ao congregar, de forma quase independente, as tarefas de aplicação, interpretação e julgamento no âmbito dos casos envolvendo questão administrativa e da interpretação de conceitos tributários já existes em normas editadas pelo legislativo federal. Ainda mais em face do inciso I, do artigo 100, do CTN, que dispõe que as decisões administrativas são normas complementares das leis tributárias, compondo o ordenamento jurídico tributário[295].

Apesar do incremento a título de simplicidade, considerando que: i. As sugestões de reforma não abrangem a economia digital; ii. O ensaio de tributo do *e-commerce* não decide a competência para tributar o consumo de bens e serviços digitais; e iii. A leitura pulverizada das normas de fatos

br/2020-set-26/gustavo-fossati-base-ampla-eficiente-iva-brasil#_ftnref3. Acesso em 22 de fevereiro de 2021.

294 Nos termos dos incisos IV e XII, da Portaria: Art. 3º São atribuições do Presidente, além das previstas no Anexo II deste Regimento Interno: IV – editar atos administrativos nos assuntos de competência do CARF; [....] XII – suprir e dirimir as omissões e as dúvidas suscitadas na aplicação dos Anexos I, II e III do Regimento Interno". Portaria MF no 343, de 09 de junho de 2015. Disponível em: http://normas.receita.fazenda.gov.br/sijut2consulta/ link.action?idAto =65007&visao=anotado. Acesso em 16 de janeiro de 2020.

295 Nos termos do inciso I, do artigo 100, do CTN: "Art. 100. São normas complementares das leis, dos tratados e das convenções internacionais e dos decretos: I – os atos normativos expedidos pelas autoridades administrativas". Lei nº 5. 172, de 25 de outubro de 1966. Disponível em http://www.planalto.gov.br/ccivil_03/leis/l5172compila do.htm. Acesso em 01 de janeiro de 2021.

pretéritos abre espaço a ilegalidades[296], essencial alinhar a tributação no país com os fatos econômicos digitais e com os acordos internacionais e as respostas do sistema tributário ao sistema econômico digitalizado[297] com os cânones da regulação tributária ótima.

4.3. A Análise do Modelo Regulatório Tributário sugerido pela OCDE para a Regulação Tributária Ótima das Atividades Econômicas Digitais

Conforme mencionado anteriormente, a OCDE em conjunto com o Grupo dos 20 deu ensejo a profundos debates e propostas de planos de resolução do cenário da tributação internacional no tocante à economia digital e que se tem percebido como de notada incompatibilidade com o mercado, sugerindo, para tanto, a conformação dos sistemas tributários com determinados princípios orientadores da política fiscal.

Dessa forma, no relatório da Ação 1, do BEPS, nota-se que a OCDE firmou entendimento acerca do que consistiriam tais princípios capazes de direcionar as políticas públicas para o desenvolvimento dos sistemas tributários alinhados com a conjuntura da economia digital[298], fazendo-o com base nas considerações expostas no trabalho referente a comércio

[296] Lei nº 5. 172, de 25 de outubro de 1966. Disponível em http://www.planalto.gov.br/ccivil_03/leis /l5172compi lado.htm. Acesso em 01 de janeiro de 2021.

[297] Conforme Paulo Caliendo, "a tributação é um fenômeno intersistêmico que envolve a Política, a Economia e o Direito. No caso da política pode ser lido como uma relação entre poder e não poder (limites) tributar, ou seja, exigir prestações pecuniárias compulsórias de particulares; no caso da economia a tributação pode ser entendida como um elemento relativo à programação dos agentes econômicos sobre o que terão ou não nas situações de produção, acumulação e circulação de bens em uma dada sociedade. Por sua vez, o Direito irá considerá-la como conjunto de expectativas institucionalizadas que dizem como os outros se comportem nas relações entre o poder de tributar e as limitações a este poder, determinando as sanções pelo descumprimento dessas normas condicionais". CALIENDO, Paulo. **Direito Tributário e análise econômica do Direito: contribuições e limites.** Revista da FESDT, 2009. Disponivel em: https://www.fesdt.org.br/web2012/revistas/3/11.pdf. Acesso em: 02 de agosto de 2020.

[298] ORGANIZAÇÃO PARA A COOPERAÇÃO E DESENVOLVIMENTO ECONÔMICO (OCDE**). Tax challenges raised by digitalisation.** Relatório. Paris: OECD, 2015. Disponível em: https://www.oecd.org /tax/ beps/beps-actions/action1/. Acesso em: 19 de fevereiro de 2020.

eletrônico do Congresso de Ottawa de 1998 e objeto do relatório *Comércio Eletrônico: Condições de Estrutura Tributária*[299].

No que diz respeito às avaliações feitas no relatório do Congresso de Ottawa, convém observar o trabalho realizado pela autora Pauline Downer de cotejo do modelo regulatório ali proposto para o comércio eletrônico e seguido pela OCDE para as demais atividades da economia digital com as noções de Adam Smith.

Assim, entendendo pela utilidade das referidas premissas quanto à formulação da maior parte dos ordenamentos tributários existente nos distintos países, a autora canadense dá ensejo em seu trabalho ao desenvolvimento de metodologia para aferição da compatibilidade do modelo teórico de regulação da OCDE com os distintos sistemas tributários do mundo[300].

Ao examinar os preceitos sugeridos com base nos modelos de tributação da Organização das Nações Unidas, da OCDE e do Canadá para o comércio eletrônico sob a ótica dos cânones de Adam Smith, Pauline Downer além de aproximar tais premissas dos ordenamentos jurídicos existentes nas diversas nações, possibilita a realização de um trabalho literário de *tax reform* mediante a ponderação das inconformidades desses sistemas tributários com o que se busca como um ótimo na regulação da economia digital.

Assim, passando-se à análise do modelo regulatório estabelecido pela OCDE incialmente sugerido para o comércio eletrônico, mas posteriormente estendido para as atividades do contexto da economia digital, verifica-se o estabelecimento das já mencionadas 7 (sete) premissas orientadoras das políticas fiscais para o alcance de uma regulação tributária ótima da economia digital e correspondentes às noções de neutralidade, eficiência, certeza, simplicidade, eficácia, justiça e flexibilidade[301].

[299] ORGANIZAÇÃO PARA A COOPERAÇÃO E DESENVOLVIMENTO ECONÔMICO (OCDE). **OECD. Ministerial Conference "A Borderless World: Realising The Potential of Global Electronic Commerce" Ottawa. Conference Conclusions,** 1998. Disponível em: http://www.oecd.org/officialdocuments/public display documentpdf/?doclanguage=en&cote=sg/ec(98)14/final. Acesso em 02 de dezembro de 2020.

[300] DOWNER, Pauline. **Taxation of Electronic Commerce (e-comm): Examination of Canadian Government Tax Policies and Directives Application of Adam Smith's Canons of Taxation.** Journal of Financial Management & Analysis, p.4. Disponível em: https://papers.ssrn.com/sol3/papers.cfm?abstract_id=2858469. Acesso em 23 de dezembro de 2020.

[301] ORGANIZAÇÃO PARA A COOPERAÇÃO E DESENVOLVIMENTO ECONÔMICO (OCDE). **Tax challenges raised by digitalisation.** Relatório. Paris: OECD, 2015. Disponível

Ressaltando-se que as observações feitas pela OCDE quanto a tais orientações se dão com base em clara acepção de interpendência lógica entre a maior parte das 7 (sete) premissas, percebe-se quanto à máxima destacada como neutralidade que a OCDE entende que a tributação não deve impactar a alocação eficiente de recursos no mercado, cabendo aos Estados a busca por tributação neutra e equitativa quanto às diferentes formas de desenvolvimento das atividades econômicas.

Sob tais linhas, de maneira a promover uma leitura da neutralidade sob as lentes da equidade, portanto, a OCDE acabou por estabelecer que a tributação deve se prestar a aumentar a arrecadação fiscal ao minimizar a discriminação a favor ou contra as escolhas econômicas feitas pelos particulares, de maneira que os mesmos princípios tributários devem ser aplicados à integralidade das formas de negócios, respeitando-se, todavia, as correlatas especificidades.

Com base em tais ponderações, constata-se que a autora Pauline Downer afirma que, não obstante a neutralidade fiscal seja tratada como uma das premissas do modelo da OCDE, no trabalho de Adam Smith e da própria teoria do ótimo da tributação, tal elemento não é considerado como uma das 4 (quatro) máximas, mas, sim, como um propósito a ser alcançado por meio da aplicação de todos os cânones, em conjunto, no âmbito da regulação da economia pela tributação.

Por outro lado, tais observações não impedem que a autora associe a neutralidade na conjuntura do mercado digital com a primeira premissa da equidade de Adam Smith e também com uma eficiência da tributação, enxergando o imposto neutro como fundamental para o mercado digital, posto que capaz de mitigar o impacto da tributação nas decisões dos agentes sobre a alocação de seus recursos, ponto crucial na questão da erosão da base fiscal envolvendo o comércio eletrônico em virtude dos seus parâmetros de mobilidade negocial.

Tratando da primeira premissa de Adam Smith[302], a autora afirma, portanto, com base nas conclusões do *Report of the Royal Comission on Taxation*,

em: https://www.oecd.org /tax/ beps/beps-actions/action1/. Acesso em: 19 de fevereiro de 2020.

302 SMITH, Adam; CAMPBELL, Roy H.; SKINNER; Andrew S. **An Inquiry into the nature and causes of the wealth of nations.** Volume II. Liberty Fund Inc., 1984, pp. 825-828.

o *Carter Report* de 1966[303], que a equidade deve ser o objetivo central do sistema tributário, configurando-se no contexto do comércio eletrônico pelo controle de excessos na aplicação de tributação sobre a renda dos referidos negócios digitais e de mitigação de injustiças no tocante à competição entre os nações facilitada pelas citadas novas possibilidades do correspondente contexto a título de mobilidade.

Com relação à aplicação do segundo princípio orientador das políticas fiscais do contexto digital pontuado pela OCDE e que corresponde à noção de eficiência na alocação de recursos pelos agentes econômicos no mercado, a OCDE direciona as suas preocupações para o impacto que a burocracia envolvendo a tributação vai ter sobre as atividades econômicas, estabelecendo, portanto, proposta de minimização tanto quanto possível dos custos de conformidade aos negócios, bem como dos custos administrativos para os governos.

De tal maneira, sob perspectiva de redução de custos administrativos, a OCDE correlaciona as noções de certeza e de simplicidade do sistema tributário com o conhecimento das regras fiscais pelos contribuintes, o que, segundo a OCDE, tem a aptidão de coibir comportamentos diferentes do ideal quanto aos propósitos da tributação, a exemplo daqueles que se desdobram por meio de ações variadas com propósitos de evasão fiscal.

Pela noção da OCDE sobre o segundo e o terceiro cânone de Adam Smith[304], a clareza e a conveniência no recolhimento, a eficiência pela redução da burocracia é entendida por Pauline Downer de forma que o sistema tributário deve ser lido pelos cidadãos como se de administração

[303] Conforme o artigo escrito por Harvey Brazer acerca do relatório emitido no Canadá em 1966 para a melhoria da tributação, as conclusões acerca dos respectivos objetivos seriam: "a equidade horizontal e vertical, eficiência na alocação de recursos, pleno emprego sem inflação e "uma sociedade livre e uma federação forte e independente. "'Onde esses objetivos conflitam com a equidade esta deverá prevalecer". [...] "A eficiência na alocação de recursos exige que os impostos sejam neutros em relação a escolhas entre oportunidades de investimento, formas de organização empresarial, alternativas ocupações ou empregos, insumos usados na produção e bens de consumo e serviços, e entre consumo e poupança, dívida e financiamento de capital e trabalho e lazer". BRAZER, Harvey E. **The Report of the Royal Commission on Taxation.** The Journal of Finance, vol. 22, no. 4, 1967, pp. 671–683. JSTOR. Disponível em: www.jstor.org/stable/2326014. Acesso em: 26 de janeiro de 2021.

[304] SMITH, Adam; CAMPBELL, Roy H.; SKINNER; Andrew S. **An Inquiry into the nature and causes of the wealth of nations.** Volume II. Liberty Fund Inc., 1984, pp. 826.

própria, o que, para ela, implica queda na economia paralela vista pela evasão fiscal, que, no Canadá, à época dos estudos alcançou 20% (vinte por cento) do produto interno bruto ou CAD 160.000.000.000,00 (cento e sessenta bilhões de dólares canadenses).

Para tanto, por conta da avaliação de que a perda de arrecadação fiscal pelo acréscimo dessa economia composta por fatos não enxergados pela tributação apresentou crescimento em face da economia digital, a orientação de Pauline Downer é de que os tributos sejam certos, uniformes e de fácil administração para induzir os agentes do mercado à conformação com um comportamento ideal, ponderando, dessa forma, que a integridade dos sistemas tributários existentes em todo o mundo consiste em fator crucial para a sua eficiência.

A OCDE trata, ainda, da aplicação da premissa da eficiência do sistema tributário de maneira atrelada a noção de justiça por meio do afastamento da dupla tributação ou de tributação excessiva, entendendo existir ponto de tributação no qual se verifica a produção de quantia certa e no momento certo de imposto, minimizando-se as chances de fuga de empresas para países com menor tributação ou, ainda, coibindo comportamentos diferentes do ideal e facilitados pela dificuldade no rastreamento das operações financeiras da era digital.

Ressalta-se que a OCDE enxerga tal noção de justiça fiscal sob as lentes da eficiência na aplicação da tributação, entendendo como ineficiente o sistema que no âmbito de sua gestão possibilita a existência de classe de contribuintes sujeitos a um imposto, mas sem a obrigação do pagamento devido a incapacidades de aplicação da norma, tal como se dá quando da falta de rastreamento das operações financeiras pelas autoridades fiscais dos Estados.

Enquadrando-se tais observações sobre a máxima da conveniência de pagamento de Adam Smith[305], a autora aborda alguns dos mecanismos criados para a adequação do recolhimento dos impostos incidentes na operação de aquisição de bens ou serviços, tal como o preenchimento de declarações anuais como ocorre no Estados Unidos e no Canadá, procedimento vistos como de fato impraticáveis no comércio eletrônico em virtude da ausência de instituições intermediárias nessas operações tal como no contexto do comércio tradicional.

305 SMITH, Adam; CAMPBELL, Roy H.; SKINNER; Andrew S. **An Inquiry into the nature and causes of the wealth of nations.** Volume II. Liberty Fund Inc., 1984, pp. 825-826.

Em termos práticos, para produzir ganhos no quesito da conveniência no pagamento dos tributos e de correlata justiça fiscal pelo enquadramento amplo de contribuintes, Pauline Downer sugere o estabelecimento de pontos em que a tributação possa ser cobrada, tais como distintas formas de retenção na folha de pagamento, dentre outras. A autora reconhece, entretanto, que tal tema consiste num dos mais desafiantes da conjuntura da economia digital.

Por fim, somando-se aos princípios percebidos como fundamentais para o alcance de tributação, política fiscal e regulação tributária apropriadas para a economia digital, a OCDE trata de uma flexibilidade atrelada à configuração de uma tributação capaz de bem ponderar dinamismo no acompanhamento dos desenvolvimentos tecnológicos e durabilidade frente as constantes mudanças políticas, garantindo-se, portanto, receita governamental mínima para o custeio dos governos enquanto se adaptam às demandas do mercado em mutação.

Ademais dessas ponderações sobre o que entende como máximas da tributação na era digital, a OCDE ressalta que a sua aplicação deve ser feita de forma equânime quanto aos dois tipos de comércio, o convencional e o eletrônico, de forma que as regras já existentes quanto ao primeiro podem levar à implementação no que diz respeito ao segundo, até pelo costume dos contribuintes com os correlatos métodos fiscais de recolhimento, o que contribui em transparência.

Considerando que a flexibilidade das normas deve, portanto, servir para viabilizar as alterações administrativas ou legislativas na aplicação dos princípios tributários existentes em concomitância com a garantia de concessão de um tratamento fiscal igualitário entre os negócios convencionais e digitais, a OCDE reforça a importância da manutenção da soberania fiscal e da divisão justa da base tributária do comércio eletrônico entre os países, reconhecendo a necessidade de intenso diálogo entre as empresas e os distintos governos[306].

Quanto às reflexões de Pauline Downer sobre esses últimos pontos, nota-se por meio da abordagem que realiza da quarta e última premissa de

[306] ORGANIZAÇÃO PARA A COOPERAÇÃO E DESENVOLVIMENTO ECONÔMICO (OCDE). **Tax challenges raised by digitalisation.** Relatório. Paris: OECD, 2015. Anexo A, página 152. Disponível em: https://www.oecd.org /tax/ beps/beps-actions/action1/. Acesso em: 19 de fevereiro de 2020.

Adam Smith[307], qual seja, a economia na coleta ou a produção dos menores custos pela tributação, que a autora apresenta entendimento discordante daquele editado pela OCDE quanto aos benefícios da aplicação dos dispositivos internos preexistentes aos contornos digitais nos distintos países.

De tal forma, entendendo que a proposta de manutenção de custos de conformidade ao mínimo está relacionada com a imposição de regramentos adequados à economia digital, a autora canadense interpreta como favoráveis as alterações nos ordenamentos consubstanciados numa economia industrial para a adaptação à cultura digital, entendendo, portanto, na resultante menor escalada de custos de conformidade com relação às atividades digitais.

Ressaltando a problemática que já se vislumbra internacionalmente no tocante à falta de cooperação dos países com o tratamento uniforme da temática da instituição das normas ou regulamentos para a tributação internacional da economia digital, a autora pontua como um fator crucial à minimização dos custos para a coleta dos tributos incidentes sobre as atividades econômicas a clareza das normas tributárias a serem implementadas pelos distintos países do mundo.

Assim, com base nas aproximações feitas sobre os elementos ou premissas que devem constituir o modelo de tributação ideal para fins de promoção de uma regulação tributária ideal alinhada com a realidade do mercado digital dos dias de hoje, é possível, portanto, elaborar a seguinte tabela esquemática dos modelos da OCDE e da leitura promovida pela autora Pauline Downer com base na teoria do ótimo:

307 SMITH, Adam; CAMPBELL, Roy H.; SKINNER; Andrew S. **An Inquiry into the nature and causes of the wealth of nations.** Volume II. Liberty Fund Inc., 1984, pp. 825-826.

TABELA 1 – **Modelo sugerido pela OCDE para a Regulação Tributária Ótima das Atividades Econômicas Digitais**

Premissa	Aplicação pela OCDE	Aplicação conforme com a teoria do Ótimo
Neutralidade	Aplicação equânime de princípios aos distintos agentes do mercado para não influenciar as escolhas feitas no mercado.	Concessão de tratamento igualitário (Igualdade)
Eficiência	Minimização dos custos com a burocracia tributária dos negócios.	Conveniência no Recolhimento
Certeza	Eficiência pela minimização dos custos com a burocracia tributária dos negócios; Simplicidade com relação à tributação para o melhor entendimento e cumprimento das regras fiscais.	Clareza e Conveniência no Recolhimento
Simplicidade	Eficiência.	Clareza e Conveniência no Recolhimento
Eficácia	Justiça pelo emprego de tributação ideal e minimização de comportamentos não ideais. Aplicabilidade da tributação sob as lentes da eficiência, garantindo-se sistema com capacidade de amplo enquadramento de contribuintes.	Conveniência no Recolhimento
Justiça	Eficácia.	Conveniência no Recolhimento
Flexibilidade	Durabilidade da tributação frente conjuntura cambiante em concomitância com uma dinâmica para o acompanhamento dos desenvolvimentos tecnológicos. Tributação equânime quanto ambos os comércios convencional e o eletrônico. Uso das regras de tributação preexistentes. Interação entre empresas e governos para uma divisão justa da base tributária.	Economia na coleta ou a produção dos menores custos pela tributação

Fonte: elaboração própria.

4.4. As Premissas para a Regulação Tributária Ótima das Atividades Econômicas Digitais no Brasil

No que diz respeito à forma como a literatura nacional retrata o assunto da tributação ótima conforme a perspectiva de Adam Smith[308], nota-se que Paulo Caliendo se respalda nas premissas do autor britânico para afirmar pelo cabimento da aplicação dos princípios da igualdade, da clareza, da razoabilidade e da menor produção de custos na elaboração e aplicação de sistema tributário ideal[309].

Nesse sentido, quanto à aplicação da primeira premissa da teoria do ótimo, qual seja, o princípio da equidade, o jurista faz uso de interpretação alinhada com o conceito aristotélico de equidade, ressaltando entendimento de que a concretude da capacidade contributiva dos agentes econômicos se verifica quando da correção do texto legal injusto frente à situação individual dos agentes do mercado[310].

Percebendo-se que a noção de equidade é aplicada de maneira variada pela doutrina, sendo possível a sua utilização tradicional como a perspectiva ampla de justiça fiscal, ou seja, de eficiência na redução da desigualdade social pela tributação, ou como sinônimo de concessão de tratamento igualitário aos agentes do mercado (igualdade)[311]. A última aplicação se

[308] SMITH, Adam; CAMPBELL, Roy H.; SKINNER; Andrew S. **An Inquiry into the nature and causes of the wealth of nations.** Volume II. Liberty Fund Inc., 1984, pp. 825-826.

[309] CALIENDO, Paulo. **Direito Tributário e análise econômica do Direito: uma visão crítica.** Rio de Janeiro: Elsevier. 2009, p. 113.

[310] Conforme Aristoteles: "A origem da dificuldade é que a equidade, embora justa, não é a justiça legal, porém retificação desta. A razão para isso é que a lei é sempre geral; entretanto, há casos que não são abrangidos pelo texto geral da lei ou por esta ou aquela regra legal geral. Em matérias, portanto, nas quais embora seja necessário discursar em termos gerais, não é possível fazê-lo corretamente, a lei toma em consideração a maioria dos casos (...). E isso não faz dela uma lei errada, pois o erro não se encontra na lei e nem no legislador, mas na natureza do caso, uma vez que o estofo das questões práticas é essencialmente irregular. Quando, portanto, a lei estabelece uma regra geral e, posteriormente, surge um caso que apresenta uma exceção à regra, será, então, correto (onde a expressão do legislador – em função de ser ela absoluta – é lacunar e errônea) retificar o defeito (preencher a lacuna) decidindo como o próprio legislador teria ele mesmo decidido se estivesse presente na ocasião em particular e teria promulgado se tivesse sido conhecedor do caso em questão". ARISTÓTELES. **Ética a Nicômaco.** Bauru: EDIPRO, 2002, p. 160.

[311] ARIENTI, Wagner L. **A Teoria Tributária de Adam Smith: Uma Revisão,** p. 43. Disponível em: https://perio dicos.ufsc.br/index.php/economia/article/view/6565.

classifica como prevalente nos estudos analisados neste trabalho quando da utilização dos axiomas da teoria do ótimo.

Com relação ao uso feito por Paulo Caliendo e correlato à noção de igualdade, quanto à aplicação da referida abordagem no ordenamento tributário brasileiro, observa-se que por meio do inciso I, do art. 172, do Código Tributário Nacional, resta prevista a possibilidade de perdão do crédito tributário com base em características de natureza pessoal dos contribuintes ou critérios materiais do caso particular, nos seguintes termos:

> Art. 172. A lei pode autorizar a autoridade administrativa a conceder, por despacho fundamentado, remissão total ou parcial do crédito tributário, atendendo: I – à situação econômica do sujeito passivo[312].

Considerando que a OCDE e a literatura econômica internacional parecem abordar a equidade como sinônimo de igualdade e de tratamento igualitário dos distintos agentes no mercado, destacando-o como elemento essencial para a não afetação das escolhas feitas por eles quanto à alocação de seus recursos, convém observar que a aplicação da premissa da equidade pelo autor se apresenta conforme com a perspectiva de equidade esboçada pelos economistas internacionais e pela OCDE.

Quanto à noção de clareza do sistema de tributação, o mencionado autor brasileiro afirma caber à administração pública aplicar as exações tributárias de uma maneira clara e não arbitrária [313], viabilizando, portanto, o conhecimento pelos contribuintes dos tributos que venham a incidir sobre a sua renda, patrimônio e os bens e serviços por eles consumidos, o que resta identificado expressamente nos termos do artigo 150, parágrafo 5º, da Constituição Federal, nos seguintes termos:

> Art. 150. Sem prejuízo de outras garantias asseguradas ao contribuinte, é vedado à União, aos Estados, ao Distrito Federal e aos Municípios:

[312] Lei nº 5. 172, de 25 de outubro de 1966. Disponível em http://www.planalto.gov.br/ccivil_03/leis/l5172 compilado.htm. Acesso em 01 de janeiro de 2021.

[313] A Lei n. 12741/12 cumpre com essa função de maneira genérica, posto que busca especificar a tributação incidente sobre determinados produtos e serviços. Lei nº 12741, de 08 de dezembro de 2012. Disponível em: http://www.planalto.gov.br/ccivil_03/_ato2011-2014/2012/lei/l12741.htm. Acesso em 25 de junho de 2020.

§ 5º – A lei determinará medidas para que os consumidores sejam esclarecidos acerca dos impostos que incidam sobre mercadorias e serviços[314].

Tal como visto no item anterior, quanto à referida concepção, a doutrina estrangeira se presta a associar as noções de clareza, eficiência, certeza, simplicidade e conveniência no pagamento dos tributos para mencionar o papel central do conhecimento dos contribuintes sobre as obrigações tributárias de sua responsabilidade na redução do que se vê como prejuízo agregado em face de comportamentos não ideais quanto ao recolhimento dos tributos.

Quanto à razoabilidade, identifica-se a leitura de Paulo Caliendo no sentido de que os tributos devem ser arrecadados do modo menos oneroso possível, perspectiva com complementação por José Afonso da Silva, que compreende ser fundamental à norma se traduzir em instrumento de vedação da aplicação da tributação com efeitos de confisco tal como dispõe o inciso IV, do artigo 150, da CRFB[315-316].

Assim, por meio de uma aplicação conforme com os termos do princípio da proporcionalidade razoável, regra que veda utilizar tributo com efeito de confisco, percebe-se que a literatura brasileira se posiciona pelo descabimento de tributo que subtraia mais do que parte considerada como razoável do patrimônio ou da renda do contribuinte[317].

Nesse sentido, conveniente ressaltar a correlação do princípio do não confisco com a perspectiva da limitação ao poder de tributar, da capacidade contributiva e com a noção de justiça fiscal, o que pode ser verificado pela limitação da carga tributária incidente sobre os fatos econômicos,

314 **Constituição da República Federativa do Brasil de 1988.** Brasília, DF: Presidência da República, [2020]. Disponível em: http://www.planalto.gov.br/ccivil_03/constituição / constituicao.htm. Acesso em: 24 de junho de 2020.

315 SILVA, José Afonso da. **Curso de Direito Constitucional Positivo**. São Paulo: Malheiros, 2002. Pg. 715.

316 “Art. 150. Sem prejuízo de outras garantias asseguradas ao contribuinte, é vedado à União, aos Estados, ao Distrito Federal e aos Municípios: IV – Utilizar tributo com efeito de confisco”. **Constituição da República Federativa do Brasil de 1988.** Brasília, DF: Presidência da República, [2020]. Disponível em: http://www.planalto.gov.br/ccivil_03/constituição / constituicao.htm. Acesso em: 24 de junho de 2020.

317 SILVA, José Afonso da. **Curso de Direito Constitucional Positivo**. São Paulo: Malheiros, 2002. Pg. 715.

como um todo, no tocante ao patrimônio individual dos agentes privados, tal como aborda Hugo de Britto Machado[318].

Quanto às mencionadas conclusões da doutrina brasileira sobre o axioma da razoabilidade, constata-se uma correspondente relação com a associação feita pela literatura internacional com as noções de equidade, eficácia, eficiência e justiça fiscal, afirmando-se que a aplicação de uma tributação ideal e não expropriante do patrimônio individual é fundamental ao alcance de uma justiça, posto que capaz de minimizar comportamentos não ideais na esfera da mobilidade viabilizada pela digitalização.

Em relação aos custos adicionais, Paulo Caliendo dispõe que os tributos devem produzir o menor custo possível ao mercado tanto com relação ao quesito de arrecadação de receita aos cofres públicos quanto no que tange às ineficiências provocadas no ambiente econômico[319].

Quanto à preocupação com os custos adicionalmente trazidos pela tributação ao mercado, Luís Eduardo Schoueri destaca a importância de um desdobramento conforme com os atributos da eficiência econômica e da simplicidade administrativa, correspondendo-se estas, consecutivamente, à prevenção da alocação de recursos no mercado e à minimização da burocracia envolvendo o recolhimento dos tributos, a qual deve ser de fácil manejo por ambas as partes da relação tributária, quais sejam, o poder público e os agentes privados do mercado.

Dessa maneira, fazendo menção à existência de função adicional à arrecadadora, Schoueri sustenta, com base nas premissas vistas acima do Adam Smith, que um bom sistema tributário além de promover arrecadação deve, portanto, ter as características de: a) eficiência econômica; b) simplicidade administrativa; c) flexibilidade; d) responsabilidade política; e) equidade.

Para o predito autor, os aludidos atributos essenciais do sistema tributário entendido por ele como "bom" seriam suficientes para compor uma estrutura de tributação capaz de concretizar a equação perfeita dos elementos de: i. arrecadação da receita pública necessária ao Estado;

318 Conforme Hugo de Britto Machado: "o caráter confiscatório há de ser avaliado em função do sistema, vale dizer, em face da carga tributária resultante dos tributos em conjunto". MACHADO, Hugo de Britto. **Curso de Direito Tributário.** São Paulo: Malheiros, 2003, p. 47.

319 CALIENDO, Paulo. **Direito Tributário e análise econômica do Direito: uma visão crítica.** Rio de Janeiro: Elsevier. 2009, p. 113.

ii. alcance dos objetivos distributivos; e iii. das menores perdas a título de eficiência econômica[320].

Ademais das máximas de Adam Smith[321], destaca-se que o autor faz menção ao elemento adicional da flexibilidade[322] para firmar entendimento no sentido de que o caráter de indução dos tributos implica necessidade de reação do sistema tributário de maneira dinâmica em conjunto com os ciclos ou flutuações econômicas, tal como propõe a OCDE no relatório sobre os desafios da tributação surgidos no contexto da economia digital[323].

Quanto a tal ponto, ressalta-se que a doutrina estrangeira vai associar tal demanda de correspondência entre a tributação e as alterações do ciclo econômico com a perspectiva de melhor aplicação de meios de recolhimento dos tributos pela administração pública, evidenciando a importância de uma intensa troca entre o governo e o mercado, ainda mais se consideradas as novas nuances do mercado digital[324].

Assim, com base nas premissas da construção teórica elaborada pela doutrina nacional e pela estrangeira com relação à tributação ideal, parte-se para a investigação do modelo regulatório-tributário aplicado ao serviço de transporte por aplicativo no Brasil, analisando-se, portanto, se as respostas por ele oferecidas restam alinhadas com o mencionado referencial teórico da tributação ótima.

Para tanto, com base nas mencionadas abordagens dos elementos ou axiomas que devem constituir o modelo de tributação ideal para fins de promoção de uma regulação tributária alinhada com a realidade do mercado digital dos dias de hoje, elabora-se a tabela esquemática dos modelos da OCDE e das leituras da teoria do ótimo feitas pela autora Pauline Downer e a literatura brasileira, a saber:

320 SCHOUERI, Luís Eduardo. **Direito Tributário.** São Paulo: Saraiva, p. 42

321 SMITH, Adam; CAMPBELL, Roy H.; SKINNER; Andrew S. **An Inquiry into the nature and causes of the wealth of nations.** Volume II. Liberty Fund Inc., 1984, pp. 825-826.

322 SCHOUERI, Luís Eduardo. **Direito Tributário.** São Paulo: Saraiva, p. 48.

323 ORGANIZAÇÃO PARA A COOPERAÇÃO E DESENVOLVIMENTO ECONÔMICO (OCDE). **Tax challenges raised by digitalisation.** Relatório. Paris: OECD, 2015, p. 17. Disponível em: https://www.oecd.org /tax/beps/beps-actions/action1/. Acesso em: 19 de fevereiro de 2020.

324 Id.

TABELA 2 – **As Premissas para a Regulação Tributária das Atividades Econômicas Digitais no Brasil**

Premissa	Doutrina Brasileira	OCDE e Literatura Econômica	Aplicação Possível ao Cenário da Economia Digital
Equidade	Tributação consoante com a capacidade contributiva dos agentes econômicos. Aplicação concreta pela correção do texto legal injusto frente à situação individual dos agentes do mercado.	Aplicação igualitária de princípios aos distintos agentes do mercado para não influenciar escolhas.	Semelhança no tratamento conferido ao consumo de bens e serviços convencionais aos digitais.
Clareza	Cobrança clara e não arbitrária. Contribuintes cientes dos tributos incidentes sobre os bens e serviços por eles consumidos.	Eficiência, certeza, simplicidade e conveniência no pagamento dos tributos.	Percepção da tributação como de administração própria. Ciência pelos contribuintes do comércio digital sobre os tributos incidentes sobre sua atividade.
Razoabilidade	Carga tributária incidente sobre os fatos econômicos conforme com o patrimônio individual dos agentes privados.	Equidade, eficácia, eficiência, conveniência no recolhimento e justiça fiscal.	Aplicabilidade como elemento de eficiência da tributação. Enquadramento de todos pela tributação incidente sobre as atividades digitais.
Menor produção de custos	Menor custo possível ao mercado tanto no que diz respeito ao quesito da correspondente arrecadação aos cofres públicos quanto no que tange às ineficiências provocadas no ambiente econômico.	Equidade. Simplicidade. Eficiência. Menor produção de custos e conveniência no recolhimento. Diálogo entre empresas e governos.	Proximidade com as normas já existentes e aplicáveis aos serviços tradicionais para se evitar escalada de custo de conformidade.
Flexibilidade	Capacidade de reagir facilmente às mudanças nas circunstâncias econômicas, respondendo-se às necessidades estruturais.	Flexibilidade e menor produção de custos.	Acompanhamento pelo ordenamento tributário das mudanças relativas à digitalização.

Fonte: elaboração própria.

Convém ressaltar, portanto, que os objetivos da tarefa que ora se propõe consistem nos seguintes: i. Analisar se as normas tributárias incidentes sobre tal atividade econômica são, em conjunto, consistentes com a perspectiva da neutralidade fiscal abordada pela doutrina da tributação ótima; e ii. Sugerir, se necessário, medidas de ajuste do mencionado arcabouço de normas em conformidade com uma perspectiva de regulação tributária em nível ótimo.

4.4.1. Metodologia da Pesquisa Aplicada à Análise da Produção Normativa pertinente ao Serviço de Transporte Por Aplicativo no Brasil

Tendo em vista a distribuição de competências tributárias pela CRFB aos distintos entes da Federação, convém pontuar que a riqueza oriunda da prestação dos serviços de transporte por aplicativo resta sujeita no Brasil a uma regulação tributária exercida pela União, pelos estados, pelo Distrito Federal e pelos municípios.

Com relação à União, percebe-se que a normatização do serviço de transporte por aplicativo pode ser avaliada sob o aspecto da renda e dos proventos de qualquer natureza tanto no que diz respeito às pessoas físicas prestadoras diretas do referido serviço, como pelas empresas tomadoras de serviço chamadas de empresas de tecnologia[325].

Quanto aos estados e o Distrito Federal, observa-se que as normas editadas pelos entes podem ser avaliadas com relação à tributação incidente sobre a circulação de mercadorias e a prestação de serviços de transporte interestadual e intermunicipal e de comunicação, ainda que as operações e as prestações se iniciem no exterior e sejam relativas à propriedade dos veículos automotores utilizados no serviço de transporte[326].

[325] De acordo com o inciso II, do artigo 153: "Compete à União instituir impostos sobre: III - renda e proventos de qualquer natureza". **Constituição da República Federativa do Brasil de 1988.** Brasília, DF: Presidência da República, [2020]. Disponível em: http://www.planalto.gov.br/ccivil_03/constituição /constituicao.htm. Acesso em: 24 de junho de 2020.

[326] Conforme o artigo 155: "Compete aos Estados e ao Distrito Federal instituir impostos sobre: I - transmissão causa mortis e doação, de quaisquer bens ou direitos; II - operações relativas à circulação de mercadorias e sobre prestações de serviços de transporte interestadual e intermunicipal e de comunicação, ainda que as operações e as prestações se iniciem no exterior; III - propriedade de veículos automotores". **Constituição da República Federativa**

Já com referência aos municípios, a perspectiva da produção normativa a ser observada diz respeito aos impostos relativos à prestação do serviço de transporte *per se* com sujeição ao estabelecido no inciso II, do artigo 156, quais sejam, os impostos sobre serviços de qualquer natureza (ISSQN), também ordenados por meio de lei complementar[327-328].

Estabelecendo-se, portanto, como marco da pesquisa o início da prestação dos serviços de transporte por aplicativo no mercado brasileiro, qual seja, o mês de junho de 2014[329], este trabalho pretende avaliar os dispositivos normativo-tributários editados com relação aos fatos econômicos acima mencionados e pertinentes às 26 (vinte e seis) capitais dos estados e do Distrito Federal, aos 26 (vinte e seis) estados, ao Distrito Federal e à União Federal no tocante ao citado serviço.

Utilizando-se como critério os termos "transporte por aplicativo, transporte privativo e transporte remunerado privado individual" de passageiros para a busca nos endereços eletrônicos das Câmaras Municipais, Assembleias Legislativas dos estados, Câmara Legislativa do Distrito Federal, Câmara dos Deputados, Senado Federal, Secretarias de Fazenda dos municípios, Secretarias de Fazenda dos estados e da Receita Federal do Brasil, resta traçado neste trabalho o intuito de cotejo das normas encontradas com as premissas pontuadas pela literatura do ótimo e adaptadas ao transporte por aplicativo, nos seguintes termos:

do Brasil de 1988. Brasília, DF: Presidência da República, [2020]. Disponível em: http://www.planalto.gov.br/ccivil_03/constituição /constituicao.htm. Acesso em: 24 de junho de 2020.

327 O inciso III, do artigo 156 dispõe que: "Compete aos Municípios instituir impostos sobre: **III** – serviços de qualquer natureza, não compreendidos no art. 155, II, definidos em lei complementar". **Constituição da República Federativa do Brasil de 1988.** Brasília, DF: Presidência da República, [2020]. Disponível em: http://www.planalto.gov.br/ccivil_03/constituição /constituicao.htm. Acesso em: 24 de junho de 2020.

328 Lei Complementar nº 113, de 15 de dezembro de 2005. http://www.planalto.gov.br/ccivil03/leis/lcp/lcp116 .htm.

329 BAPTISTA, Patrícia; KELLER, Clara I., **Por que, quando e como regular as novas tecnologias? Os desafios trazidos pelas inovações disruptivas.** Rio de Janeiro: Revista de Direito Administrativo, 2016. Disponível em: http://bibliotecadigital.fgv.br/ojs/index.php/rda/ article/view/66659. Acesso em: 20 de junho de 2020.

TABELA 3 – **Metodologia da Pesquisa Aplicada à Análise da Produção Normativa pertinente ao Serviço de Transporte Por Aplicativo no Brasil**

Premissa	Aplicação Possível ao Cenário do Transporte Por Aplicativo no Brasil
Equidade	Concessão de tratamento semelhante aos prestadores de serviço de transporte privativo por aplicativo conforme suas características individuais, seja com relação à sua localização em território nacional, como no que diz respeito aos prestadores do serviço de transporte de maneira convencional, como os taxistas.
Clareza	Percepção da tributação como se de administração própria dos contribuintes, o que vai ser mensurado por meio da análise da clareza das normas tributárias prolatadas sobre os serviços de transporte por aplicativo.
Razoabilidade	Enquadramento de todos os prestadores de serviço na produção normativa editada com relação à referida atividade digital.
Menor produção de custos	Proximidade da produção normativa feita quanto ao serviço por aplicativo no que concerne ao recolhimento da tributação com à previamente aplicada aos serviços tradicionais.
Flexibilidade	Acompanhamento pelo ordenamento jurídico-tributário das mudanças no tocante ao serviço de transporte por aplicativo, investigando-se a existência ou o tempo para a prolação das normas.

Fonte: elaboração própria.

De tal forma, para a realização do presente trabalho resta traçada metodologia composta pelas tarefas de: i. Coleta das normas editadas estabelecendo obrigações tributárias principais específicas referentes ao serviço; ii. Cotejo dos dispositivos com os parâmetros do modelo teórico de sistema tributário ótimo; iii. Conclusões sobre o modelo regulatório--tributário da nova atividade da economia digital no Brasil; e iv. Propositura de medidas de ajuste para o alcance de uma neutralidade fiscal.

4.4.2. A Análise da Produção Normativo-tributária dos Municípios, dos Estados e da União Federal com relação ao Serviço de Transporte por Aplicativo

Considerando-se como marco inicial do trabalho de pesquisa o ano de ingresso dos serviços de transporte por aplicativo no setor de transporte brasileiro, qual seja, o ano de 2014, passa-se à pesquisa empírica proposta quanto à produção normativa realizada pela União Federal, pelos estados, pelo Distrito Federal e pelos municípios no tocante à tributação dos serviços de transporte por aplicativo.

4.4.2.1. A Produção Normativo-tributária do Serviço de Transporte por Aplicativo pelos Municípios e pelo Distrito Federal

Inicialmente, importa destacar que, nos termos do artigo 156, da CRFB, o legislador constituinte concedeu aos municípios brasileiros a competência para a instituição de imposto sobre serviços de qualquer natureza (ISSQN) com relação aos serviços definidos por legislação complementar e sem sujeição à tributação pelos estados brasileiros e pelo Distrito Federal no que diz respeito ao imposto sobre operações relativas à circulação de mercadorias e sobre prestações de serviços de transporte interestadual, intermunicipal e de comunicação (ICMS)[330].

Assim, tendo em conta que a referida determinação do artigo 156, da CRFB, se impõe de maneira a fazer alusão às disposições previstas em norma complementar, convém ressaltar que nos termos do inciso II, do artigo 8º, da Lei Complementar n. 116/03, resta inserida a definição das alíquotas mínima de 2% (dois por cento) e máxima de 5% (cinco por cento) para o ISSQN incidente sobre os serviços listados como passíveis de tributação municipal no Anexo da referida norma complementar[331-332].

[330] Conforme o artigo 155, ii, da CRFB. "Art. 155. Compete aos Estados e ao Distrito Federal instituir impostos sobre: I – transmissão causa mortis e doação, de quaisquer bens ou direitos; II – operações relativas à circulação de mercadorias e sobre prestações de serviços de transporte interestadual e intermunicipal e de comunicação, ainda que as operações e as prestações se iniciem no exterior. **Constituição da República Federativa do Brasil de 1988.** Brasília, DF: Presidência da República, [2020]. Disponível em: http://www.planalto.gov.br/ccivil_ 03/ constituição /constituicao.htm. Acesso em: 24 de junho de 2020.

[331] O inciso III, do artigo 156 dispõe que: "Compete aos Municípios instituir impostos sobre: **III**- serviços de qualquer natureza, não compreendidos no art. 155, II, definidos em lei complementar". **Constituição da República Federativa do Brasil de 1988.** Brasília, DF: Presidência da República, [2020]. Disponível em: http://www.planalto.gov.br/ccivil_03/constituição / constituicao.htm. Acesso em: 24 de junho de 2020.

[332] O inciso II, do artigo 8, e o artigo 8ª-A dispõe o seguinte: "Artigo. 8o – As alíquotas máximas do Imposto Sobre Serviços de Qualquer Natureza são as seguintes: II – demais serviços, 5% (cinco por cento). Artigo 8º-A – A alíquota mínima do Imposto sobre Serviços de Qualquer Natureza é de 2% (dois por cento)". Lei Complementar 116, de 31 de julho de

Para tanto, na Lei Complementar n. 116/03, ademais de serem especificadas as alíquotas do citado imposto municipal, observa-se o estabelecimento de rol de serviços sujeitos à incidência do ISSQN, de maneira que nos itens 16 e 16.02, restam previstos, respectivamente, "os serviços de transporte de natureza municipal" e "outros serviços de transporte de natureza municipal", os quais foram inseridos por meio da Lei Complementar n. 157/16[333].

No que concerne às alterações promovidas pela Lei Complementar n. 157/16, destaca-se que além da inserção de item relativo a transporte, restou retratada a fixação da alíquota mínima de 2% (dois por cento) do ISSQN e a vedação expressa de medidas de concessão de benefícios tributários, incentivos e isenções que resultem, direta ou indiretamente, em carga tributária inferior à incidência da alíquota mínima.

Ainda quanto à Lei Complementar n. 157/16, verifica-se que, ademais do dispositivo tratar da problemática da alíquota mínima do ISSQN, este também incluiu novas atividades na mencionada lista de serviços da Lei Complementar n. 116/03, destacando-se o item 16.01 que trata da incidência do ISSQN sobre os serviços de transporte alheios ao coletivo municipal rodoviário, metroviário, ferroviário e aquaviários de passageiros, previsão entendida pela literatura como capaz de encampar os serviços de transporte prestados por aplicativo[334-335].

Além de dispor sobre o serviço de transporte, a norma trata dos itens 1.03, 1.04 e 1.09 relativos ao cenário digital, nos seguintes termos: i. O *streaming*, ou a disponibilização, sem cessão definitiva, de conteúdos de áudio, vídeo, imagem e texto pela internet; ii. A propaganda digital, ou a inserção de textos, desenhos e materiais de propaganda e publicidade, em qualquer meio; iii. O desenvolvimento de aplicativos e de programas

2003. Disponível em: http://www.planalto.gov.br/ccivil_03/leis/ lcp/lcp116.htm. Acesso em 05 de janeiro de 2020.

333 Lei Complementar n.º 157, de 29 de dezembro de 2016. **Disponível em:** http://www.planalto.gov.br/ccivil 03/ leis/ LCP/Lcp157.htm. Acesso em 19 de fevereiro de 2020.

334 BAKI, Amália P. As alterações nas regras do ISS. SPTeB. Disponível em: http://www.sptb.com.br/as-alteracoes-nas-regras-do-iss/. Acesso em 04 de janeiro de 2021.

335 Nos termos do item 16, da lista de serviços anexa à LC113/06: "Serviços de transporte de natureza municipal" e do item 16.02: "16.02 – Outros serviços de transporte de natureza municipal". Lei Complementar n.º 116, de 31 de julho de 2003. Disponível em: http://www.planalto.gov.br/ccivil_03/leis/lcp/lcp116.htm. Acesso em 05 de janeiro de 2020.

de computadores, independente da arquitetura da máquina de execução do programa, como *tablets, smartphones* e congêneres; e iv. O *back up*, ou o processamento, armazenamento e hospedagem de dados, textos, imagens, vídeos, páginas eletrônicas, aplicativos e sistemas de informação, dentre outras formas, e congêneres[336].

No que diz respeito à efetiva cobrança do ISSQN pelos municípios brasileiros, há que se ressaltar, entretanto, a sujeição da correspondente regulamentação à subsequente edição de norma municipal específica por cada um dos municípios, mormente nos termos do inciso III, do artigo 30, da CRFB, que trata da competência exclusiva dos municípios para fins de instituição e arrecadação dos tributos de sua competência[337].

Ademais do ISSQN, importa destacar a possibilidade dos municípios de instituírem os impostos previstos nos demais incisos do artigo 156, da CRFB[338], e espécies tributárias como as contribuições de melhoria em

[336] Conforme os itens: 1.03 – Processamento, armazenamento ou hospedagem de dados, textos, imagens, vídeos, páginas eletrônicas, aplicativos e sistemas de informação, entre outros formatos, e congêneres. (Redação dada pela Lei Complementar nº 157, de 2016). 1.04 – Elaboração de programas de computadores, inclusive de jogos eletrônicos, independentemente da arquitetura construtiva da máquina em que o programa será executado, incluindo *tablets*, smartphones e congêneres. (Redação dada pela Lei Complementar nº 157, de 2016)1.09 – Disponibilização, sem cessão definitiva, de conteúdos de áudio, vídeo, imagem e texto por meio da internet, respeitada a imunidade de livros, jornais e periódicos (exceto a distribuição de conteúdos pelas prestadoras de Serviço de Acesso Condicionado, de que trata a Lei no 12.485, de 12 de setembro de 2011, sujeita ao ICMS).

[337] Nos termos dos incisos do Artigo 30, da CRFB: "Compete aos Municípios: I – legislar sobre assuntos de interesse local; II – suplementar a legislação federal e a estadual no que couber; III – instituir e arrecadar os tributos de sua competência, bem como aplicar suas rendas, sem prejuízo da obrigatoriedade de prestar contas e publicar balancetes nos prazos fixados em lei". **Constituição da República Federativa do Brasil de 1988.** Brasília, DF: Presidência da República, [2020]. Disponível em: http://www.planalto.gov.br/ccivil_03/constituição/constituicao .htm. Acesso em: 24 de junho de 2020.

[338] "Art. 156. Compete aos Municípios instituir impostos sobre: I – propriedade predial e territorial urbana; II – transmissão *inter vivos*, a qualquer título, por ato oneroso, de bens imóveis, por natureza ou acessão física, e de direitos reais sobre imóveis, exceto os de garantia, bem como cessão de direitos a sua aquisição; III – vendas a varejo de combustíveis líquidos e gasosos, exceto óleo diesel". **Constituição da República Federativa do Brasil de 1988.** Brasília, DF: Presidência da República, [2020]. Disponível em: http://www.planalto.gov.br/ccivil_03/constituição /constituicao.htm. Acesso em: 24 de junho de 2020.

razão da realização de obras públicas e as taxas com relação ao poder de polícia ou o uso de serviços públicos, nos termos dos incisos do artigo 145, da CRFB.

Assim, ressaltando-se que o ISSQN consiste no imposto municipal focal a ser considerado no presente trabalho, importante mencionar que todas as espécies tributárias constantes nos dispositivos normativos de internalização das diretrizes da Lei Complementar com relação aos serviços de transporte por aplicativo serão avaliadas em conjunto com o ISSQN[339].

Sobre o regramento do ISSQN realizado por meio de legislação federal, identificando-se um intuito do legislador constituinte de prevenção de disputas ou guerras fiscais entre os municípios ou até mesmo entre os municípios e os estados[340], fundamental observar quanto à análise da produção normativa referente aos tributos de competência da União Federal[341] a elaboração do Projeto de Lei n. 493/17 pelo Senado Federal.

Nesse sentido, no tocante ao Projeto de Lei n. 493/17, nota-se que o legislativo federal cuidou de tratar da questão do ISSQN incidente sobre a intermediação, planejamento e gerenciamento de informações, através de meio eletrônico, de serviços de transporte privado individual contratado por provedor de internet, determinando, dentre outras medidas, o estabelecimento da competência tributária para o município

[339] "Art. 145. A União, os Estados, o Distrito Federal e os Municípios poderão instituir os seguintes tributos: II – taxas, em razão do exercício do poder de polícia ou pela utilização, efetiva ou potencial, de serviços públicos específicos e divisíveis, prestados ao contribuinte ou postos a sua disposição; III – contribuição de melhoria, decorrente de obras públicas". **Constituição da República Federativa do Brasil de 1988.** Brasília, DF: Presidência da República, [2020]. Disponível em: http://www.planalto.gov.br/ccivil_03/constituição/constituicao.htm. Acesso em: 24 de junho de 2020.

[340] É possível que se conceitue guerra fiscal como: "O fenômeno da "Guerra Fiscal" trata-se, em termos econômicos, da disputa fiscal no contexto federativo, ou seja, refere-se à intensificação de práticas concorrenciais extremas e não-cooperativas entre os entes da Federação, no que tange à gestão de suas políticas industriais". FERNANDES, André Eduardo da Silva; WANDERLEI, Nélio Lacerda. **A questão da guerra fiscal: uma breve resenha.** Revista de Informação Legislativa, 2000. Disponível em: https://www2.senado.leg.br/bdsf/bitstream / handle/id/626/r148-01.pdf?sequence=4. Acesso em 08 de janeiro de 2020.

[341] A metodologia da pesquisa nas fontes da União Federal é mencionada à frente.

do local do tomador do serviço, ou seja, do que denomina de "empresa de tecnologia"[342].

Feitas tais observações e tendo-se em mente as considerações relacionadas à possibilidade da exigência de ISSQN sobre os novos serviços da lista da Lei Complementar n. 116/03 pela Lei Complementar nº 157/2016, incluindo-se o item 16.01 específico para a prestação dos serviços de transporte por aplicativo, passa-se à pesquisa das normas em processo de edição ou editadas pelas 27 (vinte e sete) cidades analisadas com relação ao mencionado serviço.

Quanto ao trabalho empírico, importa mencionar a aplicação da metodologia de busca de dados realizada por meio das palavras-chaves "transporte por aplicativo", "*Uber*", "transporte individual de passageiros" e "transporte remunerado privado individual de passageiros", nos endereços eletrônicos dos órgãos com competência para legislar, implementar e julgar os debates envolvendo a matéria, quais sejam, as Secretarias Municipais, as Câmaras dos Vereadores, a Câmara Legislativa do Distrito Federal e os Tribunais Administrativos de Recursos Tributários[343].

Assim, quanto às limitações da pesquisa, importa ressaltar que em virtude da: i. Grande quantidade de municípios existentes no Brasil; e ii. Maior concentração de riqueza nas capitais dos estados e do Distrito Federal; o presente trabalho se restringe a avaliar a produção normativa realizada nas cidades capitais dos estados e do Distrito Federal, tendo como data de corte o dia 31 de maio de 2020.

Destarte, avaliando-se a referida produção normativa realizada pelas cidades capitais dos estados brasileiros e do Distrito Federal sobre tal serviço desde o início de sua prestação no Brasil, em 2014, identifica-se a edição de dispositivos normativos municipais específicos quanto a esse serviço de transporte em tão somente 14 (quatorze) das 27 (vinte e sete) cidades objeto da pesquisa, somando-se o número de 22 (vinte e duas) normas e com prolação iniciada no ano de 2016 até a data de 31 de maio de 2020.

[342] Projeto de Lei 498/ 17. Disponível em: https://www25.senado.leg.br/web/atividade/materias/-/materia/131868. Acesso em 08 de janeiro de 2020.

[343] O trabalho foi feito no Projeto de Pesquisa da Regulação Tributária da Economia Digital, da FGV Direito Rio.

Tratando-se primeiramente das capitais que não regulam o serviço de transporte por aplicativo em matéria tributária mesmo depois de passados quase que 6 (seis) anos do ingresso da prestação dos serviços no setor de transportes brasileiro, convêm mencionar, portanto, as cidades do Rio de Janeiro, local de instalação no serviço no país, na qual só se percebe a existência do Projeto de Lei n. 78/2018 em debate na Câmara Municipal, bem como as cidades de Aracaju, João Pessoa, Florianópolis, Boa Vista, Cuiabá, Fortaleza, Campo Grande, João Pessoa, Macapá, Maceió, São Luís e Teresina.

Quanto ao lapso temporal mínimo desde o ingresso dos serviços no mercado brasileiro (junho de 2014) para a edição dos dispositivos normativos nas cidades da pesquisa, identifica-se a ocorrência de pelo menos 2 (dois) anos, como no caso de São Paulo, Vitória e Porto Alegre, observando-se que embora a primeira cidade em que se instalou o serviço no país tenha sido a cidade do Rio de Janeiro, até o momento inexiste norma tributária em vigor sobre o serviço, mas somente projeto de lei n. 78/2018, ainda em debate na respectiva Câmara Municipal.

Com relação às cidades com identificada produção normativa dirigida aos serviços de transporte por aplicativo a partir de período de 2 (dois) anos desde o ingresso dos correspondentes agentes no mercado nacional, nota-se que os municípios de Belém, Natal, Palmas, Salvador, Distrito Federal, Belo Horizonte, Curitiba, Goiânia, Manaus, Porto Alegre, Porto Velho, Recife, Rio Branco, São Paulo e Vitória já deram os primeiros passos para regular a aludida atividade econômica no que lhes compete.

Assim, convém ressaltar que as normas encontradas nos endereços eletrônicos das correspondentes repartições competentes consistem, respectivamente, nas seguintes: Decreto 92017/18, Lei 6913/19, Lei 2330/17, Lei 9488/19, Lei 5691/16, Lei 11185/19, Decreto 16832/18, Decreto 1229/18, Decreto 1302/17, Decreto 2890/17, Lei 2486/19, Lei 12162/16, Decreto 15247/18, Lei Complementar 717/18, Lei 18528/18, Decreto 32381/19, Lei 2294/18, Decreto 56981/16 e Decreto 16770/16.

Analisando-se as normas dos municípios sob a perspectiva da padronização de conteúdo, posto que a legislação complementar ao tratar do ISSQN em percentuais entre 2% (dois por cento) a 5% (cinco por cento) dá espaço para diretrizes distintas, vê-se nesses dispositivos normativos das 14 (quatorze) cidades a imposição de 3 (três) tipos de espécies tributárias com relação ao serviço, o ISSQN, o preço público e a taxa de credenciamento, conforme os municípios de Natal, Salvador, Porto Velho, São Paulo, Vitória e Goiânia.

Nesse sentido, constatada uma correspondente complexidade legislativa, destaca-se, ainda, que alguns munícipios cuidaram de estabelecer: i. uma das mencionadas espécies tributárias, como o preço público ou as taxas municipais, como é o caso de Belém e de Belo Horizonte; ii. o preço público e a taxa de credenciamento anual, como Palmas, o Distrito Federal e Manaus; e iii. o preço público e o ISSQN, como é o caso de Curitiba, Recife, Rio Branco.

Da mesma forma, no que concerne ao caso de Porto Alegre, nota-se que o município deu ensejo à cobrança, em conjunto, do ISSQN e de taxa diferenciada denominada de taxa mensal de gerenciamento operacional (TGO), a qual parece consistir em espécie tributária cobrada pela contra prestação de algum tipo de serviço pelo poder público municipal.

Examinando-se o cenário nos municípios que instituíram 3 (três) cobranças tributárias simultâneas ao "provedor de rede de transporte – PRT", como Natal, destaca-se a edição dos dispositivos, a saber: i. a Lei n. 6.913/19[344] estabelecedora de cobranças de ISSQN[345] e de preço público no percentual de 1% (um por cento) sobre o valor pago por cada viagem realizada; ii. o Decreto n. 11.903/20[346] que instituiu taxa de credenciamento anual de R$ 50.000 (cinquenta mil reais)[347]. Tal cobrança foi sujeita à revogação pelo Decreto n. 11.904/20.

Analisando-se, portanto, o nível do custo financeiro imediato imposto pelas obrigações tributárias exigidas pelo município de Natal às empresas

[344] Lei 6.913, de 19 de junho de 2019. Disponível em: http://www.natal.rn.gov.br/semut/legislacao/lei/lei6.913 2019.pdf. Acesso em 06 de janeiro de 2021.

[345] "Artigo 30: O serviço de que trata esta Lei sujeitar-se-á ao Imposto Sobre Serviços de Qualquer Natureza – ISSQN, nos termos da legislação pertinente, sem prejuízo da incidência de outros tributos aplicáveis". Lei 6.913, de 19 de junho de 2019. Disponível em: http://www.natal.rn.gov.br/semut/legislacao/lei/lei6.913_2019.pdf. Acesso em 06 de janeiro de 2021.

[346] Decreto 11.903, de 14 de fevereiro de 2020. Disponível: https://www.legisweb.com.br/legislacao/?id=389888. Acesso em 06 de janeiro de 2020.

[347] Art. 3º Para realizar o credenciamento, além dos documentos exigidos em Lei, o PRT deverá pagar a Taxa de Credenciamento da STTU. § 1º A Taxa de Credenciamento será no valor de R$ 50.000,00 (cinquenta mil reais), a serem pagos de forma integral e antes do protocolo do requerimento de credenciamento. Decreto 11.903, de 14 de fevereiro de 2020. Disponível em: https://www.legisweb.com.br/legislacao/?id=389888. Acesso em 06 de janeiro de 2020.

denominadas "provedoras de rede de transporte" de acordo com o que resta estabelecido na CRFB, percebe-se que o montante cobrado a título de ISSQN parece apresentar conformidade com as disposições constitucionais de alíquota máxima prevista para o imposto, qual seja, a alíquota em percentual de 5% (cinco por cento)[348].

No que diz respeito às demais cobranças a título de preço público e de taxa de credenciamento pelos citados dispositivos editados em Natal, convém ressaltar constatação sobre a ocorrência de inconformidades atreladas à cobrança de chamado preço público quanto ao que descreve o artigo 145[349], da CRFB, que dispõe sobre as espécies tributarias sujeitas à instituição pela Uniao Federal, pelos estados, pelo Distrito Federal e pelos municípios.

Nesse sentido, quanto ao conceito de preço público, importante destacar o que a autora Íris Rosa afirma:

> O preço público tem origem em um contrato firmado entre o poder público e um terceiro para que este obtenha geralmente a prestação de um serviço. Portanto, o valor referente ao mesmo é assumido voluntariamente ou facultado por quem tem a intenção de usar um serviço disponibilizado por um Ente público, não se tratando, portanto, de obrigação compulsória proveniente de legislação[350].

[348] Artigo 25, do Regulamento de ISS da Cidade de Natal. Decreto Nº 8.162, de 29 de maio de 2007. Disponível em: http://www.natal.rn.gov.br/semut/legislacao/RegulamentoISS.pdf. Acesso em 06 de janeiro de 2021.

[349] Art. 145. A União, os Estados, o Distrito Federal e os Municípios poderão instituir os seguintes tributos: II – taxas, em razão do exercício do poder de polícia ou pela utilização, efetiva ou potencial, de serviços públicos específicos e divisíveis, prestados ao contribuinte ou postos a sua disposição; III – contribuição de melhoria, decorrente de obras públicas". **Constituição da República Federativa do Brasil de 1988.** Brasília, DF: Presidência da República, [2020]. Disponível em: http://www.planalto.gov.br/ccivil_03/constituição / constituicao.htm. Acesso em: 24 de junho de 2020.

[350] ROSA, Íris V. S. **Preço público.** Enciclopédia jurídica da PUC-SP. Celso Fernandes Campilongo, Alvaro de Azevedo Gonzaga e André Luiz Freire (coords.). Tomo: Direito Tributário. Paulo de Barros Carvalho, Maria Leonor Leite Vieira, Robson Maia Lins (coord. de tomo). 1. ed. São Paulo: Pontifícia Universidade Católica de São Paulo, 2017. Disponível em: https://enciclopediajuridica.pucsp.br/verbete/311/edicao-1/preco-publico. Acesso em 04 de agosto de 2020.

Destarte, em vista da natureza mandatória ou compulsória da cobrança feita por Natal, que nada mais consiste do que uma taxa pela prestação de serviço público, importante citar a distinção feita pelo Supremo Tribunal Federal (STF) entre taxa e preço público, nos termos da súmula 545, de 1969, a saber:

> Preços de serviços públicos e taxas não se confundem, porque estas, diferentemente daqueles, são compulsórias e têm sua cobrança condicionada à prévia autorização orçamentária, em relação à lei que as instituiu[351].

Ainda no tocante à cobrança de preço público, ademais da problemática aplicação tributária de exação de natureza contratual por Natal e outros municípios, restou observada, da mesma forma, a existência de inconformidades quanto à determinação da correspondente base de cálculo sujeita à aplicação da alíquota do denominado preço público, o que se verificou, por exemplo, com o município de Goiânia[352].

Dessa maneira, é possível que se afirme pelo desrespeito do referido município ao comando constitucional do parágrafo 2º, do artigo 145, da CRFB[353], quando da correspondente atribuição de base de cálculo normalmente utilizada para a fixação de impostos para a determinação do cálculo de preço público, qual seja, a receita bruta das empresas de tecnologia estabelecidas na cidade de Goiânia[354].

[351] SUPREMO TRIBUNAL FEDERAL (STF). Jurisprudência. Aplicação das Súmulas do STF. Disponível em: http://w ww.stf.jus.br/portal/jurisprudencia/menuSumarioSumulas.asp?sumula=2346. Acesso em 17 de janeiro de 2021.

[352] FOSSATI, Gustavo; SALLES, Layla; MENESES, Isael. **Economia digital: regulação tributária do transporte por aplicativo: A ineficiência regulatória produz um cenário de incerteza e de insegurança jurídica.** JOTA, 2020. Disponível em: https://www.jota.info/opiniao-e-analise/artigos/economia-digital-regulacao-tributaria-do-transporte-por-aplicativo-27042020. Acesso em 07 de janeiro de 2021.

[353] Conforme o artigo 145, da CRFB: "A União, os Estados, o Distrito Federal e os Municípios poderão instituir os seguintes tributos: [...] § 2º As taxas não poderão ter base de cálculo própria de impostos". BRASIL. [Constituição (1988)]. **Constituição da República Federativa do Brasil de 1988.** Brasília, DF: Presidência da República, [2020]. Disponível em: http://www.planalto.gov.br/ccivil_03/constituição /constituicao.htm. Acesso em: 24 de junho de 2020.

[354] "Artigo 7º: Em razão do acesso e pela utilização intensiva da infraestrutura pública do viário urbano para a exploração da atividade econômica do serviço de transporte de que trata este Decreto, será devido o preço público no percentual de 1% (um por cento) da receita

Ainda quanto às inconformidades na cobrança de preço público, com relação às cidades do Rio Branco e do Recife, importa mencionar a imposição das seguintes exigências: i. Fato Gerador: Uso intensivo da rede viária do município; ii. Base de Cálculo: Valor pago por viagem iniciada no território municipal ou aferido por quilometragem mensal; e iii. Alíquota: Fixa de 2% (dois por cento) ou com variação até 1% (um por cento) de acordo com o número de veículos cadastrados em cada Operadora[355].

Assim, ademais das referidas cobranças serem desprovidas de qualquer amparo constitucional, convém destacar que os critérios determinados para o cumprimento dessas obrigações impostas pelos citados municípios de Natal, Rio Branco e Recife, restam entendidos como de dificultoso entendimento por parte dos agentes do mercado se comparados com os métodos tradicionais de recolhimento dos tributos sobre bases como a receita ou o faturamento, por exemplo.

Voltando-se à taxa de credenciamento de R$ 50.000, 00 (cinquenta mil reais) imposta pelo Município de Natal e subsequentemente revogada por este em face de críticas do mercado, considerando a falta de comparabilidade do correspondente valor com quaisquer das cobranças feitas aos serviços de transporte convencionais, verifica-se que, caso optasse pela referida manutenção, Natal acabaria por claramente afrontar a proposta de tratamento isonômico os serviços prestados por aplicativos[356-357].

bruta, a ser recolhido mensalmente pela Operadora de Tecnologia (OT) mediante emissão de Documento Único de Arrecadação Municipal (DUAM)". Decreto 2.890/17, de 06 de outubro de 2017. Disponível em: https://www.legisweb.com.br/legislacao/?id=351310. Acesso em 06 de janeiro de 2021.

[355] As cobranças do Recife se dão por meio da Lei 18.528/18 e do Decreto 32381/19. As cobranças feitas por Rio Branco dizem respeito à Lei 2294/18.

[356] BARRETO, Julianne; BARBOSA, Rafael. **Decreto prevê taxa anual de R$ 50 mil para empresas de aplicativos de transporte atuarem em Natal: Determinação foi publicada no Diário Oficial do Município desta segunda-feira (17) e que entra em vigor em 15 dias. Empresa que não pagar taxa poderá ser multada em R$ 1 milhão.** Globo, 2020. Disponível em: https://g1.globo.com/rn/rio-grande-do-norte/noticia/2020/02/17/ decreto-preve-taxa--anual-de-r-50-mil-para-empresas-de-aplicativos-de-transporte-atuarem-em-natal.ghtml. Acesso em 06 de janeiro de 2021.

[357] "Art. 16. A penalidade de multa, prevista no inciso II do artigo 22 da Lei nº 6.913/2019 será aplicada ao PRT quando: I – Operar sem estar credenciado junto a STTU: a) Multa de R$ 1.000.000,00 (um milhão de reais)". Decreto 11.903, de 14 de fevereiro de 2020. Disponível: https://www.legisweb.com.br/legislacao/?id=389888. Acesso em 06 de janeiro de 2020.

Além de impor a cobrança de elevada taxa anual aos provedores de rede de transporte, destaca-se que a mesma norma revogada também determinava o pagamento de elevada multa no valor de R$ 1.000.000,00 (um milhão de reais) para a hipótese de inadimplência quanto ao recolhimento da taxa de credenciamento anual, penalidade que também se admite como excessiva se comparada com os valores cobrados dos agentes prestadores de serviço de transporte convencional[358].

Passando-se à concepção de clareza da produção normativa de acordo com o critério de transparência dos parâmetros da relação tributária, destaca-se a constatação de que somente as cidades de São Paulo, Rio Branco, Vitória, Goiânia e Porto Alegre foram capazes de bem aplicar uma mesma nomenclatura para abordar os sujeitos passivos da relação tributária, denominando-se os de "Operadora de Tecnologia (OT)"[359].

Acerca das demais normas encontradas na pesquisa, nota-se o uso de termos variados como: i. Provedoras de Tecnologia de Comunicação em Rede – TECORE, em Belém; ii. Provedor de Rede de Transporte – PRT, em Natal; iii. Operadoras de Plataforma Tecnológica (OPT), em Palmas; iv. Operadora, em Salvador; v. Empresas de operação de serviços de transporte, no Distrito Federal; vi. Operador de Transporte Individual Remunerado – OTIR, em Belo Horizonte; vii. Administradoras de Tecnologia em Transporte Compartilhado (ATTCs), em Curitiba; viii. Plataforma de comunicação em rede, em Manaus; ix. Empresa de Tecnologia de Transportes – ETT, em Porto Velho; e x. Provedor de aplicações de internet ou plataforma tecnológica eletrônica de comunicação em rede, em Recife.

4.4.2.2. A Produção Normativo-tributária do Serviço de Transporte por Aplicativo pelos Estados e pelo Distrito Federal

Nos termos dos incisos II e III, do artigo 155, da CRFB, percebe-se que o legislador constituinte dispôs sobre a competência dos estados e do

[358] Como regra geral, vê-se que os taxistas costumam pagar a título de tributo municipal, além do ISSQN, taxa para fins de licenciamento anual em valores que giram de R$ 300,00 (trezentos reais) como no caso do Rio de Janeiro, nos moldes da Resolução SMTR Nº 3219 /20. Disponível em: http://smaonline.rio.rj.gov.br/legis_consulta/60784Res%20SMTR%20 3219_2020.pdf. Acesso em 04 de agosto de 2020.

[359] As normas editadas por essas cidades consistem no Decreto 56981/16, Lei 2294/18, Decreto 1677/16, Decreto 2890/17 e Lei 12162/16.

Distrito Federal para instituírem impostos sobre: i. as operações relativas à circulação de mercadorias e sobre prestações de serviços de transporte interestadual e intermunicipal e de comunicação (ICMS); e ii. a propriedade de veículos automotores (IPVA)[360].

Quanto à instituição de ICMS pelos estados e pelo Distrito Federal com relação ao transporte por aplicativo, constata-se que a realização dessas cobranças resta relacionada aos serviços com deslocamento realizado entre os distintos estados ou municípios, de forma que aqueles prestados dentro das imediações das cidades são de competência tributária dos correspondentes munícipios, conforme visto anteriormente.

Quanto ao IPVA, considerando a incidência do tributo sobre a propriedade de veículos automotores, nota-se a possibilidade da instituição pelos estados e pelo Distrito Federal de imposições tributárias relativas à aquisição da propriedade dos automóveis adquiridos para a função específica da prestação dos serviços de transporte por aplicativo, o que também será objeto de análise no presente trabalho.

Com base na pesquisa das normas em processo de edição ou editadas pelos 26 (vinte e seis) estados e pelo Distrito Federal, observa-se que não foram encontrados dispositivos específicos com relação ao ICMS incidente sobre o transporte por aplicativo prestado de maneira interestadual ou intermunicipal, o que, entretanto, não implica impossibilidade de eventual cobrança futura por meio da aplicação das normas gerais de ICMS sobre os serviços convencionais conforme os regulamentos de ICMS de cada um dos estados brasileiros e do Distrito Federal[361].

[360] Nos moldes do Artigo 155, da Constituição Federal: "Compete aos Estados e ao Distrito Federal instituir impostos sobre: II – operações relativas à circulação de mercadorias e sobre prestações de serviços de transporte interestadual e intermunicipal e de comunicação, ainda que as operações e as prestações se iniciem no exterior; III – propriedade de veículos automotores". **Constituição da República Federativa do Brasil de 1988.** Brasília, DF: Presidência da República, [2020]. Disponível em: http://www.planalto.gov.br/ccivil_03/constituição / constituicao.htm. Acesso em: 24 de junho de 2020.

[361] No caso do Rio de Janeiro, entende-se que os incisos II e III, do artigo 2º, do RICMS, autorizam a realização dessa cobrança, nos seguintes termos: " O imposto incide sobre: II – prestações de serviços de transporte interestadual e intermunicipal, por qualquer via, de pessoas, bens, mercadorias ou valores; III – prestações onerosas de serviços de comunicação por qualquer meio, inclusive a geração, a emissão, a recepção, a transmissão, a retransmissão, a repetição e a ampliação de comunicação de qualquer natureza". Disponível em: http://www.fazenda.rj.gov.br/sefaz/faces/menu_structure/legislação/legislacaoestadualnavigation/

No que diz respeito à cobrança de IPVA, a contar do ano de 2018, 4 (quatro) anos do marco inicial da entrada da referida atividade no âmbito do mercado brasileiro, destaca-se a edição de tão somente 6 (seis) dispositivos normativos pelos estados do Espirito Santo, Mato Grosso, Alagoas e Amazonas, ou seja, 4 (quatro) estados dentre os 26 estados do país e o Distrito Federal,[362], caracterizando-se, portanto, movimento mais lento de adaptação ao ciclo econômico que aquele implementado pelos municípios brasileiros.

Nesse sentido, quanto à mencionada produção normativa, convém observar o tratamento da temática do benefício de isenção de ICMS incidente sobre a aquisição dos veículos a serem utilizados no transporte por aplicativo pelos estados do Espírito Santo, Mato Grosso e do Amazonas, respectivamente, por meio da edição de: i. Lei ordinária n. 11.044/19; ii. Projetos de lei n. 300/19 e 154/18; iii Mensagem de veto a projeto de lei n. 16/19.

Assim, ademais das referidas normas prolatadas com o intuito de instituição de benefícios fiscais de ICMS aos proprietários dos veículos utilizados para a prestação dos serviços por aplicativo, identifica-se, da mesma forma, a realização de produção normativa também pelo estado de Alagoas por meio da prolação da indicação n. 636/20 e do Projeto de Lei n. 149/19.

Destacando-se que a intenção do estado do Amazonas de conceder benefício fiscal foi obstada no ano posterior, no tocante ao estado de Alagoas, interessante mencionar a existência de previsões concomitantes sobre ICMS e benefício de IPVA e de vedação de cobrança de taxa, preço público e de outros valores pelo uso intensivo das vias, ponto este interessante visto que o preço público não se configura como uma espécie tributária, conforme visto anteriormente.

coluna2/RegulamentoDoICMS;jsessionid=NWBUzmGen5_pHow0__Wy79aTlPkne0wDK1vBt28YGNbRU52uZ2g2!184245738?datasource=UCMServer%23dDocName%3AWCC300844&_adf.ctrlstate=2yv4ev1lm_1&_afrLoop=15562853616538469&_afrWindowMode=0&_afrWindowId=null. Disponível em: Acesso em 29 de janeiro de 2021.

362 As normas foram no Espírito Santo a Lei Ordinária 1044/19, no Mato Grosso o Projeto de lei 300/19, em Alagoas, a indicação 636/20 e o Projeto de Lei 149/19 e no Amazonas, o Projeto de Lei ordinária 154/18 e a mensagem de veto ao projeto de lei 16/19.

4.4.2.3. A Produção Normativo-tributária do Serviço de Transporte por Aplicativo pela União Federal

Passando-se à produção normativa realizada pela União Federal com relação aos serviços de transporte por aplicativo, convém destacar o estabelecimento pelo legislador constituinte da incidência dos impostos federais sobre: i. renda e proventos de qualquer natureza; ii. produtos industrializados; e ii. operações de crédito, câmbio e seguro, ou relativas a títulos ou valores mobiliários[363].

Assim, conveniente mencionar que por meio de pesquisa realizada nos *sites* da Câmara dos Deputados, do Senado Federal e da Receita Federal do Brasil, foram encontradas 2 (duas) normas editadas ou em processo de edição pelo Senado Federal e pelo Comitê Gestor do Simples Nacional com relação ao serviço de transporte por aplicativo, uma referente a benefícios fiscais e a outra referente ao regramento do Sistema de Simplificação Nacional – SIMPLES [364].

Apesar do legislador constituinte conceder competência para a União Federal instituir tributos como o empréstimo compulsório, os impostos de importação, o imposto de exportação, os impostos sobre grandes fortunas, assim como as contribuições dispostas no artigo 149, da CRFB[365],

[363] Nos moldes do Artigo 153, da Constituição Federal: "Compete à União instituir impostos sobre: I – importação de produtos estrangeiros; II – exportação, para o exterior, de produtos nacionais ou nacionalizados; III – renda e proventos de qualquer natureza; IV – produtos industrializados; V – operações de crédito, câmbio e seguro, ou relativas a títulos ou valores mobiliários". **Constituição da República Federativa do Brasil de 1988.** Brasília, DF: Presidência da República, [2020]. Disponível em: http://www.planalto.gov.br/ccivil_03/constituição /constituicao.htm. Acesso em: 24 de junho de 2020.

[364] O Comitê Gestor do Simples Nacional consiste em órgão criado pelo Decreto 6038, de 7 de fevereiro de 2007, sendo composto por constituído por quatro representantes da União, por dois representantes dos Estados e do Distrito Federal e por dois representantes dos municípios e com competência para regulamentar matérias relativas ao Simples Nacional, nos termos dos artigos 2 e 3, do decreto, e em conformidade com a Lei Complementar 123/06. Disponível em: http://www.planalto.gov.br/ccivil_03/_Ato2007-2010/2007/ Decreto/D6038.htm. Acesso em 07 de janeiro de 2021.

[365] "Artigo. 149: Compete exclusivamente à União instituir contribuições sociais, de intervenção no domínio econômico e de interesse das categorias profissionais ou econômicas, como instrumento de sua atuação nas respectivas áreas, observado o disposto nos arts. 146, III, e 150, I e III, e sem prejuízo do previsto no art. 195, § 6º, relativamente às contribuições a que alude o dispositivo". **Constituição da República Federativa do Brasil de 1988.** Brasília,

observa-se uma exclusiva abordagem por este da temática do transporte por aplicativo quanto às questões: i. Dos impostos sobre produtos industrializados (IPI) e sobre operações financeiras (IOF); e ii. Da temática do SIMPLES pelo Projeto de Lei n. 4437/19[366].

Nesse sentido, com relação ao Projeto de Lei n. 4437/19, verifica-se que o Senado Federal deu início à proposta de extensão das disposições relativas aos benefícios tributários vigentes em favor dos motoristas convencionais também com relação aos de aplicativo, dispondo sobre o IOF e o IPI incidentes sobre as operações de financiamento e de industrialização dos veículos atrelados aos serviços de transporte prestados por aplicativo.

Já no que diz respeito às disposições do regime tributário especial do SIMPLES, nota-se que o Comitê Gestor do Simples Nacional deu ensejo à Resolução CGSN n. 148/19, que tem como objetivo incluir o motorista prestador do serviço de transporte remunerado privativo por aplicativo no SIMPLES (com o pagamento de ISSQN), viabilizando o usufruto por estes dos benefícios do modo simplificado do pagamento e cálculo de tributos pertinente ao regime e que ocorre por meio de uma única guia, o Documento de Arrecadação do SIMPLES (DAS) [367-368].

Tomando-se como marco inicial o ingresso dos serviços de transporte por aplicativo no mercado brasileiro no ano de 2014, afirma-se pela demora de aproximados 5 (cinco) anos para a edição das respectivas normas

DF: Presidência da República, [2020]. Disponível em: http://www.planalto.gov.br/ ccivil_03/ constituição /constituicao.htm. Acesso em: 24 de junho de 2020.

366 Projeto de Lei 4427/19, de 13 de agosto de 2019. Disponível em: https://www25.senado.leg.br/web/atividade/ materias/-/materia/138106. Acesso em 30 de janeiro de 2021.

367 O inciso I do artigo 2º, da Lei referente ao Simples, dispõe que: "Artigo. 2° O tratamento diferenciado e favorecido a ser dispensado às microempresas e empresas de pequeno porte de que trata o art. 1° desta Lei Complementar será gerido pelas instâncias a seguir especificadas: I – Comitê Gestor do Simples Nacional, vinculado ao Ministério da Fazenda, composto por 4 (quatro) representantes da Secretaria da Receita Federal do Brasil, como representantes da União, 2 (dois) dos Estados e do Distrito Federal e 2 (dois) dos Municípios, para tratar dos aspectos tributários". Lei Complementar 126, de 14 de dezembro de 2006. Disponível em: http://www.planalto.gov.br/ccivil_03/leis/lcp/lcp123.htm. Acesso em 08 de janeiro de 2021.

368 RECEITA FEDERAL DO BRASIL (RFB). **Manual da Declaração Anual Simplificada para o Microempreendedor Individual DASN-SIMEI**, 2002. Disponível em: http://www8.receita.fazenda.gov.br /SimplesNacional/Arquivos/manual/ Manual _DASN-SIM EI.pdf. Acesso em 01 de fevereiro de 2021.

tributárias em matéria federal, ocorrendo por medidas de concessão de benefícios fiscais para a aquisição dos veículos e de autorização de favorecimento desses motoristas frente regime simplificado de arrecadação fiscal, após a regulamentação dos aludidos serviços no inciso X, do artigo 4º, na Lei n. 11.258/12, por meio da Lei n. 13.640/18[369].

Ressaltando-se a observada inexistência de dispositivos federais tratando de uma efetiva arrecadação vinculada à aludida atividade aos cofres públicos federais, mas só dos benefícios a ela atrelados, reitera-se movimento governamental no âmbito do Poder Executivo de criação de nova espécie tributária a incidir sobre as compras e pagamentos eletrônicos, que, caso concretizado, parece ser capaz de englobar os serviços consumidos por meio de aplicativo[370].

4.5. Considerações sobre a Regulação Tributária do Serviço de Transporte por Aplicativo no Brasil

Sob perspectiva sistêmica da tributação, segue-se, portanto, à análise da regulação tributária realizada de forma conjunta pelos órgãos dos mencionados entes federativos brasileiros de acordo com as premissas de Adam Smith[371] e com as correspondentes leituras feitas por ambas as doutrinas estrangeira e brasileira de acordo com as nuances do serviço de transporte por aplicativo na conjuntura jurídico e econômica brasileira.

Passando-se, portanto, por cada uma das premissas do sistema tributário tido como ideal, importante avaliar a noção de equidade materializado pelo tratamento dos agentes econômicos de acordo com a capacidade

[369] A inclusão da disposição na Lei 11.258/12 se deu por intermédio da Lei 13.640/18, a qual cuidou de incluir o inciso X, do artigo 4º, nos seguintes termos: "Artigo 4º: Para os fins desta Lei, considera-se: X – transporte remunerado privado individual de passageiros: serviço remunerado de transporte de passageiros, não aberto ao público, para a realização de viagens individualizadas ou compartilhadas solicitadas exclusivamente por usuários previamente cadastrados em aplicativos ou outras plataformas de comunicação em rede". Disponível: http://www.planalto.gov.br/ccivil_03/_Ato2015-2018/2018/Lei/L13640.htm#art2. Acesso em 07 de janeiro 2021.

[370] URIBE, Gustavo; CHAIB, Julia. **Bolsonaro autoriza Guedes a testar 'nova CPMF' no Congresso.** Folha de São Paulo, 2020. Disponível em: https://www1.folha.uol.com.br/mercado/2020/07/mesmo-com-resistencia-do-congresso-bolsonaro-autoriza-guedes-a--testar-nova-cpmf.shtml. Acesso em: 01 de agosto de 2020.

[371] SMITH, Adam; CAMPBELL, Roy H.; SKINNER; Andrew S. **An Inquiry into the nature and causes of the wealth of nations.** Volume II. Liberty Fund Inc., 1984, pp. 825-826.

contributiva, implicando, portanto, entendimento de que não cabe à tributação conferir tratamento diferente aos indivíduos em situação semelhante no mercado, como é o caso dos prestadores do serviço de transporte por aplicativo de todo o território nacional e dos provedores do serviço privativo convencional.

Nesse sentido, no tocante à legislação municipal, é possível perceber que frente à concessão pela CRFB de competência individual aos municípios para a instituição de normas: i. Com previsão de alíquotas variadas entre o intervalo de 2% (dois por cento) a 5% (cinco por cento); e ii. Dispondo sobre espécies normativas diversas, além do ISSQN, sem qualquer delimitação de alíquota; viabiliza tratamento diversificado dos serviços e agentes conforme a sua localização no país.

Somando-se a essa perspectiva, em face da edição da cobrança de preço público pelos municípios, que, como visto, resta entendida como desprovida de respaldo constitucional no que diz respeito à tributação, constata-se, da mesma forma, que a tributação do correlato serviço por determinados municípios brasileiros resta excessiva e desigual se comparada com aquela dirigida aos serviços de transporte convencionais ou instituída por outros municípios que deixam de realizar a referida cobrança.

Em contrapartida, há que se ressaltar, ainda, que a constatação de ausência de dispositivos tributários traçando exigência de qualquer tributação para o mencionado serviço em alguns municípios também se verifica como capaz de implicar violação da premissa da equidade, posto gerar vantagem tributária a determinados agentes econômicos em face de sua localização geográfica.

Acerca da produção normativo-tributária realizada com relação aos serviços de transporte por aplicativo nos estados brasileiros e no Distrito Federal, nota-se, tal como mencionado acima, a configuração de cenário de escassez ainda maior do que aquele identificado com relação aos municípios, contribuindo-se, portanto, para as chances de violação do princípio da igualdade e de perda de receita pelos referidos estados a título do ICMS incidente sobre o valor dos serviços de transporte prestados de maneira interestadual e intermunicipal[372].

[372] Nos termos do artigo 155, inciso I, letra b, a saber: "Art. 155. Compete aos Estados e ao Distrito Federal instituir: I – impostos sobre: b) operações relativas à circulação de mercadorias

Ainda quanto ao conteúdo das normas tributárias estaduais, destaca-se a correspondente adequação com a referida proposta de igualdade pela abordagem equivalente feita entre os serviços convencionais e aqueles prestados por aplicativo quando da concessão de isenção de ICMS na operação de aquisição dos veículos utilizados nos transportes e do correlato IPVA incidente sobre a propriedade desses automóveis[373].

Quanto à legislação editada pela União Federal que cuida de dispor sobre a concessão de benefício de isenção de IPI e IOF e, ainda, de uma aplicação de tratamento diferenciado nos moldes do SIMPLES, por outro lado, convém notar o entendimento no sentido de haver compatibilidade a respeito do que geralmente se aplica aos motoristas particulares na mesma condição de competitividade no mercado, ou seja, com relação aos prestadores do serviço de táxi.

No tocante à noção de clareza do sistema de tributação esboçada por um fácil conhecimento pelos contribuintes sobre os tributos que venham a incidir sobre os bens e serviços por eles consumidos, a percepção é de uma insuficiente aplicação da respectiva máxima pelos poucos municípios brasileiros que instituíram tais cobranças.

Considerando a problemática da pluralidade de nomenclatura com relação às empresas responsáveis pelos aplicativos, a imposição da cobrança de preço público sem respaldo constitucional e a perspectiva de base de cálculo inovadora e de difícil compreensão quanto à lógica de repartição do ônus pelo uso das estradas entre os contribuintes, entende-se pela configuração de arcabouço normativo incompatível com padrões

e sobre prestações de serviços de transporte interestadual e intermunicipal e de comunicação, ainda que as operações e as prestações se iniciem no exterior;". **Constituição da República Federativa do Brasil de 1988**. Brasília, DF: Presidência da República, [2020]. Disponível em: http://www.planalto.gov.br/ccivil_03/constituição/constituicao.htm. Acesso em: 24 de junho de 2020.

373 Com relação ao estado do Mato Grosso, percebe-se que o Projeto de Lei 300/19 que busca conceder o benefício de isenção de ICMS e de IPVA com relação aos automóveis utilizados no âmbito dos serviços de transporte por aplicativo acaba por se assemelhar aos benefícios concedidos aos taxistas no mesmo sentido, por meio dos Convênios ICMS 38/01 e 127/17, do CONFAZ, da Lei nº 7.301/2000, e da Portaria 100/2001 da Secretaria de Fazenda de Mato Grosso.

da doutrina sobre o conhecimento pelos agentes do mercado da tributação incidente sobre os seus negócios[374].

Observando-se a compatibilidade da produção normativa dos estados e do Distrito Federal sobre o serviço por aplicativo à luz dos parâmetros da certeza e da clareza das normas, constata-se, tal como ocorre com os municípios, que a notada ausência de unidade ou de similitude entre as disposições tributárias editadas pelos estados no território nacional acaba por implicar prejuízo quanto à compreensão pelos contribuintes do regramento dirigido às correspondentes atividades econômicas.

Ademais da falta de clareza pela ausência de unidade de normas, quanto à nomenclatura utilizada pelos estados, diferentemente de como ocorre com os municípios, percebe-se que tais dispositivos são capazes de tratar os sujeitos passivos da relação de forma padronizada como condutores dos veículos ou compradores dos veículos objeto da prestação do serviço, aplicando base de cálculo uniforme para tais cobranças, perspectiva que também se repara na produção normativa da União Federal.

Quanto à premissa da razoabilidade e que corresponde ao enquadramento de todos os prestadores de serviço no âmbito da produção normativa editada com relação à referida atividade digital e de uma apropriada distribuição da carga tributária com relação a todos os agentes, verifica-se incipiência no que corresponde ao enquadramento dos prestadores de serviço na maior parte dos municípios e estados brasileiros, o que acaba por demonstrar desalinho com a premissa da razoabilidade disposta pela doutrina.

Sob o viés da excessividade, observa-se que alguns municípios realizam cobranças diversificadas e consideradas excessivas se comparadas com o serviço prestado de maneira convencional, a exemplo das taxas anuais, das

[374] Quanto à nomenclatura, vê-se, por exemplo, que em Manaus as empresas provedoras das plataformas são denominadas de plataformas de comunicação em rede, nos termos da Lei 2486/19, enquanto que em Porto Velho as mesmas empresas são categorizadas como de empresas de empresa de tecnologia de transportes (ETT), nos termos do Decreto 15247/18. Quanto à diversidade de bases de cálculo para o preço público, Manaus dispõe a cobrança de 1% (um por cento) sobre o valor total de cada viagem efetuada por seus prestadores, enquanto que Rio Branco cobra a alíquota de 2% (dois por cento) do valor total de cada viagem realizada aferida por quilometragem mensal, nos termos da Lei 2294/18.

multas por descumprimento do correspondente pagamento e do próprio preço público que, como visto, sequer se qualifica como espécie tributária, o que também se apresenta como incompatível com a perspectiva da razoabilidade.

Quanto à União Federal, apesar da adequação da regulação implementada pela concessão dos benefícios de IOF, do IPI e do Simples Nacional, com relação ao movimento do executivo federal de tentar criar e implementar espécie tributária sobre o *e-commerce*, entende-se pela incompatibilidade com a perspectiva de razoabilidade pelas dificuldades de monitoramento de arrecadação e, sob uma perspectiva sistêmica, do incremento de custos pela inconformidade com uma simplificação por tributo único sobre o consumo.

No que diz respeito à menor produção de custos verificada através da concretização de meios já estabelecidos para os serviços convencionais para a coleta dos tributos[375], com base na forma de tributação dos serviços prestados pelos taxistas estabelecida pelos municípios, convém observar a inexistência de diferenças substanciais quanto às regras aplicadas ISSQN e taxas[376], o que se afirma como alinhado com a perspectiva de menor produção de custos.

[375] Vale ressaltar quanto a essa perspectiva, as considerações de Daniel Giotti, que discorre que para o alcance de eficiência na fiscalização e na arrecadação tributárias, o Direito Tributário cria ferramentas para facilitar o trabalho do Fisco, podendo também produzir mecanismos de comodidade para o contribuinte. DE PAULA, Daniel Giotti. **A praticabilidade no Direito Tributário: Conceito, fundamento e controle da complexidade da legislação tributária.** JOTA, 2018. Disponível em: https://www.jota.info/opiniao-e-analise/colunas/contraditorio/a-praticabi lidade-no-direito-tributario-22102018. Acesso em 04 de dezembro de 2020.

[376] No caso do Recife, de acordo com o Decreto 32381/19, o ISSQN é recolhido da forma tradicionalmente disposta na legislação municipal, nos termos do artigo 5º, e o preço público é recolhido conforme o uso intensivo da rede viária do município, a ser calculado por meio da aplicação de percentual do valor pago por viagem iniciada no território municipal, de acordo com o número de veículos cadastrados em cada Operadora, da seguinte forma: De 01 a 10.000 veículos – 1%, de 10.001 a 20.000 veículos – 1,5%, acima de 20.000 veículos – 2,0%, sendo considerados "veículos cadastrados em cada operadora" os veículos que efetuem, no mínimo, uma viagem no mês de apuração, nos termos do artigo 3º, do Decreto, o que parece ser de dificultoso controle pelas empresas operadoras dos serviços. Decreto 32381, de 12 de abril de 2019. Disponível em: https://leismunicipais.com.br /a/pe/r/recife/decreto/2019/3238/32381/decreto-n-32381-2019-regulamenta-a-lei-municipal-n-18528-de-21-de-novembro-

Por outro lado, quanto à perspectiva da forma de pagamento dos preços públicos instituídos na maioria dos municípios que regulam tais atividades, e que vão ser mensurados das mais distintas e dificultosas maneiras, tal como pela quilometragem das corridas individualmente percorridas por cada um dos motoristas prestadores de serviço por aplicativo, por conta da correlata inaplicabilidade no contexto do transporte convencional, entende-se por uma violação da perspectiva de menores custos pela tributação.

Já com relação aos estados, ao Distrito Federal e à União federal, constata-se que a correspondente produção normativa não é diferenciada em termos de forma de recolhimento ou de coleta que aquela aplicada ao transporte convencionalmente prestado pelos taxistas, o que, portanto, apresenta-se como compatível com uma perspectiva de conveniência no recolhimento da tributação ou menor produção de custos pela burocracia envolvendo o recolhimento dos tributos.

Em termos de falha no acompanhamento da flutuação econômica do mercado dos transportes, observa-se com base no lapso temporal transcorrido desde o início da prestação dos serviços no mercado nacional e a prolação das normas a ocorrência de no mínimo 2 (dois) anos, como no município de Vitória por meio do Decreto n. 16.770/16, o que gera perda de receita e desequilíbrio concorrencial pelo favorecimento desses agentes no mercado, representando incompatibilidade com a premissa da flexibilidade do sistema tributário ideal.

Em resumo, pela análise feita da produção normativa dos entes federativos com relação ao serviço de transporte por aplicativo, mormente em virtude atuação legislativa pelos municípios, é possível pontuar uma grande fragilidade no sistema tributário em termos de equidade, transparência, conveniência no recolhimento, produção de custos excessivos e de flexibilidade. Acerca da flexibilidade, percebe-se que a atuação legislativa se dá em nível mais acentuado de inconformidade, implicando prejuízo com relação a todos os demais itens.

-de-2018-que-dispoe-sobre-a-utilizacao-intensiva-do-sistema-viario-para-o-transporte--remunerado-pri vado-individual-de-passageiros-intermediado-por-plataformas-digitais. Acesso em 16 de janeiro de 2021.

4.6. Recomendações à Regulação Tributária no Brasil

Com base nas referidas percepções decorrentes da associação dos dados obtidos na pesquisa feita nos endereços eletrônicos da União Federal, dos estados, do Distrito Federal e dos municípios com as premissas da doutrina concernentes à tributação ótima, é possível que se faça algumas recomendações para fins de melhoria das inconsistências identificadas no que diz respeito ao sistema tributário brasileiro.

Nesse sentido, tal como já resta ensaiado por meio de todas as propostas de reforma tributária em debate no país, verifica-se que um dos pontos de grande impacto no que diz respeito a esse equilíbrio sistêmico consiste nos temas da autonomia federativa e da repartição de competência revistados por meio da problemática das espécies tributárias no cenário brasileiro.

Assim, constatando-se que a configuração de inúmeros tipos tributários provoca consideráveis efeitos a título de tempo e de qualidade do processo de produção normativa dos entes federativos, é possível relacioná-la com os perniciosos aspectos de complexidade, morosidade, custos adicionais com conformidade, onerosidade excessiva e ineficiência da tributação incidente sobre as atividades digitais.

Sob distintos argumentos vinculados a uma percepção de tributação excessiva, a doutrina dispõe sobre algumas medidas de mitigação dos problemas observados quando do cotejo da tributação sobre os serviços de transporte por aplicativo com as máximas da teoria do ótimo, como a transformação das espécies tributárias em tributo único com base ampla[377] e da avaliação prévia do impacto das medidas tributárias como requisito para essas imposições.

4.6.1. A Simplificação do Sistema Tributário Brasileiro

Levando-se em conta o já mencionado debate, em curso, em âmbito nacional sobre a simplificação do sistema tributário por meio de reforma tributária, identifica-se como ponto central das duas propostas legislativas

[377] FOSSATI, Gustavo. **Ajustando a CBS ao modelo alemão e às recomendações da OCDE para economia digital.** CONJUR, 2020. Disponível em: https://www.conjur.com.br/2020--set-26/gustavo-fossati-base-ampla-eficiente-iva-brasil#_ftnref3. Acesso em 22 de fevereiro de 2021.

principais, a proposta do Senado Federal (PEC 110/2019)[378] e da Câmara dos Deputados (PEC 45/2019)[379], a condensação de alguns dos tributos existentes no país em um único imposto, o Imposto sobre Bens e Serviços (IBS).

Nesse sentido, conforme a proposta da PEC 110/19 do Senado, a reforma tributária envolveria a extinção de 9 (nove) tributos para fins de instituição de um único imposto sobre bens e serviços a ser administrado pela União federal, que trataria de redistribuir tal receita entre os demais entes federativos. Os citados tributos extintos consistiriam no ICMS, no ISS, no IPI e no IOF, avaliados no âmbito do serviço do transporte por aplicativo.

Com relação à PEC 45/19 da Câmara dos deputados, as mudanças englobariam a extinção de 5 (cinco) tributos para um imposto sobre bens e serviços também a ser administrado pela União federal com posterior redistribuição dessa receita entre os demais entes federativos, dentre os mencionados tributos extintos e observados no serviço de transporte por aplicativo constam o ICMS, o ISS e o IPI[380].

Destarte, apesar da inquestionável relevância de tais ensaios no cenário nacional brasileiro, convém destacar a falta de abordagem suficiente por essas propostas das questões da: i. Implementação de tributo único; e ii. Renda e demais desafios que se verificam no contexto da economia digital e com abordagem pela OCDE.

Entendendo-se que o conteúdo limitado e a paralisação dos movimentos pela instituição de sistemática tributária equilibrada no Brasil derivam de interesses políticos atrelados ao assunto da repartição de

[378] Proposta de Emenda à Constituição n° 110, de 2019. Disponível em: https://www25.senado.leg.br/web/ativi dade/materias/-/materia/137699. Acesso em 12 de janeiro de 2020.

[379] Proposta de Emenda à Constituição n° 45, de 2019. Disponível em: https://www.camara.leg.br/proposicoes Web/fichadetramitacao?idProposicao=2196833. Acesso em 12 de janeiro de 2020.

[380] NETO, Celso B. C.; NUNES, Fabiano S.; ARAUJO, José E. C.; SOARES, Murilo R. C. **Reforma Tributária: Comparativo da PEC 45/2019 (Câmara) e da PEC 110/2019.** Fique por dentro, 2019. Disponível em: https://www2.camara.leg.br/atividade-legislativa/estudos-e-notas-tecnicas/publicacoes-da-consultoria-legislativa/fiquePorDentro/temas/sistematributario-nacional-jun-2019/reforma-tributaria-comparativo-das-pecs-em-tramitacao-2019. Acesso em 16 de janeiro de 2021.

receita fiscal[381-382], fato é que tais sugestões ainda não atendem de forma suficiente as demandas da digitalização com identificação ou não no presente trabalho, como a relevante temática da guerra fiscal entre os estados e municípios quanto aos *softwares* e que não foi objeto de análise neste estudo[383-384].

Nos moldes da perspectiva da OCDE sobre o arquétipo tributário único[385], reitera-se que a configuração de uma única cobrança tributária se coloca como fator fundamental para a redução dos custos de uma burocracia complexa, principalmente como no caso do transporte por aplicativo com relação aos municípios, situação em que a pluralidade de municípios implica tratamento diferenciado conforme localização geográfica, instituição de tributos sem previsão legal, morosidade, cobrança excessiva e perda de receita.

Entendendo-se que os desafios sobre a tributação da economia digital podem ser solucionados em sua maioria pela instituição de arquétipo tributário único, ressalta-se a necessidade de que tal espécie também comporte aspecto de base ampla para englobar todos os tipos de receita ou valores adicionais advindos das atividades da economia digital,

[381] MENGARDO, Barbara; ALVES, Raquel. **2020 não foi o ano da reforma tributária, e parlamentares apostam em 2021: Atropelada pela pandemia, reforma tributária segue como pauta prioritária no Congresso.** JOTA, 2020. Disponível em: https://www.jota.info/legislativo/2020-nao-foi-o-ano-da-reforma-tribu taria-e-parlamentares-apos tam-em-2021-05012021. Acesso em 13 de janeiro de 2021.

[382] PILLEKAMP, Virginia; FIGLIOULO, Fernanda S. F.; BEHRNDT, Marco. **Reforma Tributária: falta de autonomia e violação ao pacto federativo?** CONJUR, 2019. Disponível em: https://www. conjur.com.br/2019-out-23/opiniao-violacao-pacto-federativo-reforma-tributaria. Acesso em 12 de janeiro de 2021.

[383] BUTZE, Brunna H. B. M. **Guerra fiscal na tributação de softwares no Brasil.** Jota, 2020. Disponível em: https://www.jota.info/opiniao-e-analise/artigos/guerra-fiscal-na-tributacao-de-softwares-no-brasil-22062020. Acesso em 25 de junho de 2020.

[384] BROCKMEYER, Anne; MORENO, Rafael M.; FLEISCHHAKER, Cornelius; NUCIFORA, Antonio; NARITOMI, Joana; CAMÊLO, Felipe D; DIAS, Laísa R. de S. **Brazil: Options for Tax Reform A Policy Note for Discussion.** Banco Mundial, 2018. Disponível em: http://pubdocs.worldbank.org/en/9808815 36598168344/ Policy-Note-Tax.pdf. Acesso em 15 de janeiro de 2021.

[385] ORGANIZAÇÃO PARA A COOPERAÇÃO E DESENVOLVIMENTO ECONÔMICO (OCDE). **Addressing the Tax Challenges of the Digital Economy, Action 1 – 2015 Final Report.** França: OECD, 2015. Disponível em: https://www.oecd.org /tax/ beps/beps-actions/action1/. Acesso em: 19 de fevereiro de 2020.

resolvendo-se, portanto, boa parte da temática da regulação tributária da economia digital[386-387].

4.6.2. A Análise de Impacto Regulatório

Mencionando-se a perspectiva da AED no que diz respeito à assimetria de informação existente entre o Estado e o mercado, entende-se como apropriada, portanto, a adoção de medida com o intuito de viabilizar o conhecimento pelo governo de informações sobre os agentes econômicos de que não dispõe e cujo desconhecimento implica custos a ambas as partes, tal como a análise de impacto regulatório (AIR).

Assim, uma vez que o Estado não possui informações importantes sobre os agentes privados, tais como aquelas relativas às suas preferências pessoais diante do caso concreto, grandes são as chances de se incorrer em decisões que culminem em obrigações dificultosas ao mercado e, como visto, capazes de propiciar efeitos de comportamento não ideal e evasão de receita fiscal.

Nesse sentido, entendendo-se que não resta possível ao governo saber sobre o valor e as possibilidades do mercado para assumir as novas imposições tributárias em vias de alcançar os ditames dos mencionados dispositivos constitucionais, sugere-se o acréscimo de mais uma etapa no processo normativo, a fase da análise de impacto regulatório.

Embora tal propositura importe perda no quesito de flexibilidade do sistema pelo acréscimo de mais um rito ao processo legislativo, entende-se que tal mecanismo pode garantir a redução de custos com os efeitos de uma tributação excessiva ou custosa, justificando-se, entretanto, pelos benefícios advindos das máximas de produção de menores custos, de comportamento ideal, da liberdade de concorrência, de custos menores ao mercado e de uma neutralidade fiscal.

Dessa maneira, a título de aplicação, importa ressaltar o que se desdobrou quando da cobrança de taxa anual de credenciamento para os

[386] O entendimento sobre a base ampla advém da aplicação do tributo sobre as remunerações ou receitas lato senso, ou seja, sem amparo dos conceitos obsoletos de produtos ou serviços, abarcando-se todo e qualquer tipo de valor adicionado no fato econômico.

[387] FOSSATI, Gustavo. **Ajustando a CBS ao modelo alemão e às recomendações da OCDE para economia digital.** CONJUR, 2020. Disponível em: https://www.conjur.com.br/2020-set-26/gustavo-fossati-base-ampla-efi ciente-iva-brasil#_ftnref3. Acesso em 22 de fevereiro de 2021.

serviços por aplicativo, em que depois de prolatada a norma, considerando aspectos como a excessividade do correspondente valor, o próprio mercado acabou por rechaçar a referida cobrança tributária, desgaste este que poderia ter sido evitado na hipótese da elaboração de uma análise de impacto regulatório, tal como proposto[388].

[388] BARRETO, Julianne; BARBOSA, Rafael. **Decreto prevê taxa anual de R$ 50 mil para empresas de aplicativos de transporte atuarem em Natal: Determinação foi publicada no Diário Oficial do Município desta segunda-feira (17) e que entra em vigor em 15 dias. Empresa que não pagar taxa poderá ser multada em R$ 1 milhão.** Globo, 2020. Disponível em: https://g1.globo.com/rn/rio-grande-do-norte/noticia/2020/02/17/ decreto-preve-taxa--anual-de-r-50-mil-para-empresas-de-aplicativos-de-transporte-atuarem-em-natal.ghtml. Acesso em 06 de janeiro de 2021.

CONCLUSÕES

Em decorrência de mudanças ocorridas na sociedade contemporânea, verifica-se o surgimento de um novo papel de centralismo da informação, a impactar na deflagração de continua ou disruptiva alteração para fins de desenvolvimento das relações sociais e das atividades econômicas até então conhecidas, com destaque à configuração de novas formas de geração de riqueza antes jamais pensadas.

Destarte, no âmbito de uma sociedade informacional, é possível perceber a conformação de uma nova economia digitalizada, com novos contornos digitais, intangíveis, globalizados e marcada por arquétipos digitais denominados de plataformas digitais, de difícil enquadramento ou regulação pelos governos das distintas nações do mundo.

Dentre os inúmeros desafios trazidos por essa nova realidade digital, a notada demanda por adaptações nos ordenamentos jurídicos provocou debates mundiais acerca do referido procedimento, levando à OCDE e o G-20 a buscarem medidas concretas para a resolução do contexto de insegurança jurídica formado, o que com relação à tributação vai se deflagrar principalmente por meio da erosão da base fiscal e da redistribuição de direitos tributários.

Quanto ao Brasil, não obstante as inúmeras peculiaridades do ordenamento jurídico tributário nacional, a situação não é diferente daquela abordada internacionalmente, de forma que, em virtude de uma evidente perda de receita fiscal, resta concebido que o regramento jurídico tributário parece não ser capaz de alcançar os fatos econômicos tal como conformados no contexto de uma economia digital.

Tendo-se em mente a base teórica do poder de tributar pelo Estado e os argumentos que respaldam o seu exercício pelos entes federativos brasileiros no Estado fiscal democrático e da Constituição Federal de 1988, fundamental o alcance de um equilíbrio entre os propósitos dos tributos de arrecadação de receita, entrega de justiça social e, ainda, da liberdade da iniciativa, fatores entendidos como ainda pendentes pela literatura brasileira.

Haja vista as disposições constitucionais sobre o caráter indicativo da atuação regulatória pelo Estado brasileiro e a noção econômica sobre a aptidão da tributação de se configurar como custo adicional aos negócios, fundamental a interação equilibrada entre os sistemas jurídico-tributário e econômico, de forma a se evitar uma corrupção dos elementos essenciais trazidos por cada um destes sobre o outro, conforme com o artigo 174, da CRFB.

Apoiando-se, portanto, em conceito inovador de regulação tributária da economia para fins de enquadramento da neutralidade fiscal como norte das políticas atreladas à produção normativo-tributária, restou realizado trabalho de análise do que as doutrinas jurídica e econômica traçam como elementos de um sistema tributário ideal com efeitos neutros sobre a economia.

Assim, por meio de concatenação das máximas do sistema tributário ótimo desenvolvidas pelo economista britânico Adam Smith e aplicadas por seus sucessores com a produção normativa brasileira feita com relação aos serviços de transporte por aplicativo, buscou-se avaliar os pontos de melhoria identificados no sistema tributário ora vigente para o alcance de uma regulação tributária ótima.

Para a análise da compatibilidade da tributação brasileira com os mencionados preceitos-base da teoria do ótimo, foi feito estudo de caso do serviço de transporte por aplicativo com ingresso no mercado de transportes brasileiro a partir de 2014, associando-se a produção normativa dos entes federativos competentes para tributar o serviço da era digital com os preceitos da teoria sobre o ótimo da tributação.

Considerando: i. A leitura feita pela literatura brasileira, estrangeira e pela OCDE sobre a aplicação dos cânones da equidade, clareza, razoabilidade, menores custos e flexibilidade no que diz respeito à economia digital; e ii. As peculiaridades do sistema tributário brasileiro; constatou-se conjuntura de sistema de tributação com respostas inadequadas às demandas do mercado de transporte do atual contexto digital e com a perspectiva de tributação ótima.

No cenário dos municípios brasileiros, diante de pulverizada e desigual produção normativa nas capitais dos estados brasileiros e no Distrito Federal, verifica-se a configuração de uma regulação tributária ora insuficiente ora excessiva dos serviços de transporte por aplicativo conforme a localização do prestador do serviço, violando-se, portanto, os critérios estabelecidos pela doutrina para o alcance de uma neutralidade fiscal.

Acerca dos estados e do Distrito Federal, apesar da escassa produção normativa do ICMS incidente sobre os serviços de transporte realizados de maneira interestadual e intermunicipal, o que representa prejuízo à premissa da flexibilidade, a constatação é de que inexiste afastamento tão acentuado do ideal de neutralidade da regulação tributária quanto aos critérios da equidade, clareza, razoabilidade e dos menores custos, ponto este também observado quanto ao panorama federal.

Dessa forma, entendendo que as recomendações oriundas dos debates nacionais sobre a reforma no sistema tributário brasileiro se apresentam como insuficientes para a resolução dos desafios impostos no contexto da economia digital, sugere-se uma melhor avaliação de medidas mais elaboradas para a redução da complexidade da tributação.

Sob tais linhas, pelo presente estudo restou concluído que para que o sistema tributário nacional apresente respostas apropriadas com um ideal de regulação tributária ótima são recomendadas medidas como: i. A congregação das variadas espécies tributárias em um único arquétipo de base ampla e ii. A vinculação da prática de produção normativa ao mecanismo de análise de impacto regulatório.

REFERÊNCIAS

ALM, James. **What's an Optimal Tax System?** National Tax Journal. Vol. 49, no. 1, 1996.

ALVARENGA, Darlan. **Empresas gastam 1.958 horas e R$ 60 bilhões por ano para vencer burocracia tributária, apontam pesquisas: Brasil é o país onde mais se gasta tempo calculando e pagando impostos, segundo Banco Mundial; governo lançou medidas de simplificação e discute reforma tributária.** Globo, 2017. Disponível: https://g1.globo.com/ economia/noticia/ empresas-gastam-1958-horas-e-r-60-bilhoes-por-ano-para-vencer-burocraci a-tributaria-apontam-pesquisas.ghtml. Acesso em 04 de dezembro de 2020.

AMIN, S. Capitalismo, imperialismo, mundialização. In: SEOANE, J.; TADDEI, E. **Resistencias mundiales**. Buenos Aires: CLACSO, 2001. Disponível em: http:// biblioteca virtual.clacso.org.ar/clacso/se/20100726091549/2amin.pdf. Acesso em 31 de dezembro de 2020.

ANCHORDÁS, Sofia, Does **sharing mean caring: Regulating innovation in the sharing economy**. Minnesota: The Minnesota Journal of Law, Science & Technology, 2015. Disponível em: https://scholarship.law.umn.edu/cgi/view-content.cgi?article=1356&context=mjlst. Acesso em: 24 de junho de 2020.

ARIENTI, Wagner L. **A Teoria Tributária de Adam Smith: Uma Revisão.** Disponível em: https://periodicos.ufsc.br/index.php/economia/article/ view/6565. Acesso em 14 de dezembro de 2020.

ARISTÓTELES. **Ética a Nicômaco**. Bauru: EDIPRO, 2002.

ARMITAGE, Alice; CORDOVA, Andrew; SIEGEL, Rebecca. **Design-Thinking: The Answer to the Impasse between Innovation and Regulation.** California: UC Hastings Research Paper, 2017. Disponível em: https://ssrn.com/abs-tract=3024176. Acesso em 30 de dezembro de 2020.

ATKINSON, Robert D.; McKAY, Andrew S. **Digital Prosperity: Understanding the Economic Benefits of the Information Technology Revolution**. Washington: Information, Technology and Innovation Foundation, 2007. Disponível em: https: //ssrn.com/abstract =1004516 or http://dx.doi.org/10.2139/ssrn.1004516. Acesso em 10 de maio de 2020.

ÁVILA, Humberto. **Teoria da Igualdade Tributária.** São Paulo: Malheiros, 2008.

AVI-YONAH, Reuven S. **The Three Goals of Taxation.** University of Michigan Tax Law Review. 60, no1. Michigan, 2006. Disponível em: https://repository.law.umich.edu/cgi/view content.cgi?article=1039&context=articles. Acesso em 05 de dezembro de 2020.

AVI-YONAH, Reuven S. **Evaluating BEPS: A Reconsideration of the Benefits Principle and Proposal for UN Oversight**. University of Michigan Law School: University of Michigan Law School Scholarship Repository, 2016. Disponivel em: https://repository.law.umich.edu/cgi/viewcontent.cgi?article=2868& context=a rticles. Acesso em 02 de janeiro de 2020.

BAKI, Amália P. **As alterações nas regras do ISS. SPTeB. Disponível em: http://www.sptb.com.br/as-alteracoes-nas-regras-do-iss/. Acesso em 04 de janeiro de 2021.**

BALDWIN, Robert; CAVE, Martin; LODGE, Martin. **Understanding Regulation: theory, strategy and practice.** Oxford: OUP, 2013.

BALEEIRO, Aliomar. **Limitações constitucionais ao poder de tributar**. 8a. edição. Misabel Abreu Machado Derzi (atualizadora). Rio de Janeiro: Forense, 2010.

BALEEIRO, Aliomar. **Limitações Constitucionais ao Poder de Tributar**. Rio de Janeiro: Forense, 1977.

BANCO CENTRAL DO BRASIL. **Organização para Cooperação e Desenvolvimento Econômico (OCDE).** Disponível em: https://www.bcb.gov.br/acessoinformacao/ocde. Acesso em 19 de dezembro de 2020.

BANCO MUNDIAL. **Doing Business: Measuring Business Regulation**, 2021. Disponível em: https://www.doingbusiness.org/en/data/exploreeconomies/brazil#DB_tax. Acesso em 15 de janeiro de 2021.

BAPTISTA, Patrícia; KELLER, Clara I. **Por que, quando e como regular as novas tecnologias? Os desafios trazidos pelas inovações disruptivas.** Rio de Janeiro: Revista de Direito Administrativo, 2016. Disponível em: http://bibliotecadigital.fgv.br/ojs/index.php/rda/article/ view/66659. Acesso em: 20 de junho de 2020.

BARBOSA, Ana. L. N; SIQUEIRA, Rozane. B. Texto para Discussão (TD) 811: **Imposto ótimo sobre o consumo: Resenha da teoria e uma aplicação ao caso brasileiro.** Rio de Janeiro: Ipea, 2001. Disponivel em: https://www.ipea.gov.br/portal/index.php?option=comcon tent&view=article&id=4069. Acesso em 01 de janeiro de 2021.

BARRETO, Julianne; BARBOSA, Rafael. **Decreto prevê taxa anual de R$ 50 mil para empresas de aplicativos de transporte atuarem em Natal: Determinação foi publicada no Diário Oficial do Município desta segunda-feira (17) e que entra em vigor em 15 dias. Empresa que não pagar taxa poderá ser multada em R$ 1 milhão.** Globo, 2020. Disponível em: https://g1.globo.com/rn/rio-grande-do-norte/noticia/2020/02/17/decreto-preve-taxa-anual-de-r-50--mil-para-empresas-de-aplicativos-de-transporte-atuarem-em-natal.ghtml. Acesso em 06 de janeiro de 2021.

BATOR. Francis M. **The Anatomy of Market Failure**. The Quarterly Journal of Economics, 1958. Disponível em: https://courses.cit.cornell.edu/econ335/out bator_qje.pdf. Acesso em 24 de junho de 2020.

BELL, D. **The coming of postindustrial society: a venture in social forecasting.** New York: Basic Books, 1973.

BENIGER, James R. **The Control Revolution: Technological and Economic Origins of The Information Society**. Massachusetts: Harvard University Press, 1986.

BENKLER, Yochai. **The Wealth of Networks: How Social Production Transforms Markets and Freedom.** New York: Yale University Press, 2006. Disponível em: http://www.benkler.org/Benkler_ Wealth_Of_Networks. pdf. Acesso em 18 de janeiro de 2021.

BINENBOJM, Gustavo. **Poder de polícia, ordenação, regulação: transformações políticojurídicas, econômicas e institucionais do direito administrativo ordenador.** Belo Horizonte: Fórum, 2016.

BLACK, Julia. **Decentring Regulation: Understanding the Role of Regulation and Self-Regulation in a 'Post- Regulatory' World.** The London School of Economics and Political Science, 2001. Disponível em: https://www.researchgate.net/publication/30527050_Dece ntring_Regulation_Understanding_the_Role_of_Regulation_and_Self-Regulationina_%27Po st-Regulatory%27_World. Acesso em 26 de novembro de 2020.

BONNET, Didier; WESTERMANN. George. **The best digital business models put evolution before revolution.** Boston: Harvard Business Review, 2015. Disponível em: https://hbr.org/2015/01/the-best-digital-business--models-put-evolution-before-revolution. Acesso em: 30 de dezembro de 2020.

BRAZER, Harvey E. **The Report of the Royal Commission on Taxation.** The Journal of Finance, vol. 22, no. 4, 1967, pp. 671–683. JSTOR. Disponível em: www.jstor.org/stable/2326014. Acesso em: 26 de janeiro de 2021.

BRENNAN, Geoffrey; BUCHANAN, James. **The Logic of Tax Limits: Alternative Constitutional Constraints on the Power to Tax**. National Tax Journal, 1979.

BREYNER, Frederico M. **Benefícios Fiscais e Regressividade Tributária**. In: DERZI, Misabel A. M.; MELO; João Paulo F. de A. Justiça Fiscal. Belo Horizonte: Del Rey, 2016.

BRITTO, Hugo Machado. **Regime Jurídico dos incentivos fiscais**. São Paulo: Malheiros, 2015.

BROCKMEYER, Anne; MORENO, Rafael M.; FLEISCHHAKER, Cornelius; NUCIFORA, Antonio; NARITOMI, Joana; CAMÊLO, Felipe D; DIAS, Laísa R. de S. **Brazil: Options for Tax Reform A Policy Note for Discussion.** Banco Mundial, 2018. Disponível em: http://pubdocs.worldbank.org/en/9808815 36598168344/ Policy-Note-Tax.pdf. Acesso em 15 de janeiro de 2021.

BUTZE, Brunna H. B. M. **Guerra fiscal na tributação de softwares no Brasil**. Jota, 2020. Disponível em: https://www.jota.info/opiniao-e-analise/artigos/guerra-fiscal-na-tributacao-de-softwares-no-brasil-22062020. Acesso em 25 de junho de 2020.

CONSELHO ADMINISTRATIVO DE DEFESA ECONÔMICA (CADE). **Regimento Interno do CADE**. Disponível em: https://cdn.cade.gov.br/Portal/centrais-de-conteudo /regimento-interno/regimento-interno-cade-2020.pdf?_ga=2.9160053.1367356178.16115169 66-245305078.1604507622. Acesso em 24 de janeiro de 2021.

CALGARO, Fernanda. **Reforma Tributária: Entenda as propostas em discussão no congresso.** Brasília: Globo, 2019. Disponível em: https://g1.globo.com/politica/noticia /2019/ 09/02/reforma-tributaria-entenda-as-propostas-em-discussao-no-congresso.ghtml. Acesso em 25 de junho de 2020.

CALIENDO, Paulo. **Direito Tributário e análise econômica do Direito: uma visão crítica.** Rio de Janeiro: Elsevier, 2009.

CAPURRO, Rafael; HJORLAND, Birger. **The Concept of Information**. Annual Review of Information Science and Technology, Ed. B. Cronin, 2003.

CARVALHO, Cristiano. A análise econômica do Direito Tributário. In: SCHOUERI, Luis Eduardo. (Coord.). **Direito tributário: homenagem a Paulo de Barros Carvalho.** São Paulo: Quartier Latin, 2008.

CARVALHO, Paulo de Barros. **Curso de Direito Tributário**. São Paulo: Saraiva, 2005.

CASTELLS, Manuel. **A sociedade em rede – a era da informação: economia, sociedade e cultura.** São Paulo: Paz e Terra, 2009.

CHEVALLIER, Jacques. **A Racionalização da Produção Jurídica.** Cadernos de Ciência da Legislação, Oieiras, 1992.

COASE, Richard. **The Problem of Social Cost**. 3 J.L. & ECON 1, University of Chicago, 1960. Disponível em: https://www.law.uchicago.edu/files/file/coase-problem.pdf. Acesso em 18 de janeiro de 2021.

COGLIANESE, Cary. **Regulation's four core components**. Pennsylvania: The Regulatory Review, 2012. Disponível em: https://www.theregreview.org/2012/09/17/regulations-four-core-components/. Acesso em: 24 de junho de 2020.

COHEN, Julie. **Law for the plataform economy.** UC. Davis Law Review, 2017. Disponível em: https://papers.ssrn.com/sol3/papers.cfm?abstract_id=2991261. Acesso em: 15 de janeiro de 2021.

COOTER, Robert and ULEN, Tomas. **Law and Economics**. Berkeley Law Books, 2016. Disponivel em: h2p://scholarship.law.berkeley.edu/books/2. Acesso em 31 de dezembro de 2020.

COSTA, José A.L. **Tributação da Economia Digital.** Valor Econômico, 2020. Disponível em: https://valor.globo.com/legislacao/noticia/2020/02/19/tributacao-da-economia-digital.ghtml. Acesso em 02 de janeiro de 2021.

CHRISTENSEN, Clayton M. **O Dilema da Inovação: quando as novas tecnologias levam empresas ao fracasso**. São Paulo: M. Brooks, 2012.

DA SILVA, Suzana T. **Direito Fiscal – Teoria Geral**. Coimbra: Imprensa da Universidade de Coimbra, 2015.

DE PAULA, Daniel Giotti. **A praticabilidade no Direito Tributário: Conceito, fundamento e controle da complexidade da legislação tributária**. Jota, 2018. Disponível em: https://www.jota.info/opiniao-e-analise/colunas/contraditorio/a-praticabilidade-no-direito-trib utario-22102018. Acesso em 04 de dezembro de 2020.

DIAMOND, Peter; MIRRLEES, James A. **Optimal Taxation and Public Production I: Production Efficiency**. Pittsburgh: American Economic Association, 1971. Disponível em: <https://www.aeaweb.org/aer/ top20/61.1.8-27.pdf>. Acesso em: 20 de junho de 2020.

DIAS, Felipe W. L. D. **Action 1 do Beps, Medidas Unilaterais Adotadas por Países e seus Impactos na Tributação dos Negócios da Economia Digital**. Revista Direito Tributário Internacional Atual (RDTI Atual), 2020. Disponível em: https://www.ibdt.org.br/RDTIA/n-7-2020/action-1-do-beps-medidas-unilaterais-adotadas--por-paises-e-seus-impactos-na-tributaca o-dos-negocios-da-economia-digital/. Acesso em 02 de janeiro de 2020.

DIVER, Colin S. **The Optimal Precision of Administrative Rules.** Nova Iorque: Yale Law Journal, 1983.

DOMINGOS, Roney. **Câmara de São Paulo aprova projeto que proíbe o Uber.** São Paulo: Globo, 2015. Disponível em: <http://g1.globo.com/sao-paulo/noticia/2015/06/camara-de-sp-aprova-projeto-que-proibe-aplicativo-uber.html>. Acesso em: 20 de junho de 2020.

DOWNER, Pauline. **Taxation of Electronic Commerce (e-comm): Examination of Canadian Government Tax Policies and Directives Application of Adam**

Smith's Canons of Taxation. Journal of Financial Management & Analysis. Disponível em: https://papers.ss rn.com/sol3/papers.cfm?abstract_id=2858469. Acesso em 23 de dezembro de 2020.

EISENMANN, Thomas. PARKER, Geoffrey. VAN ALSTYNE, Marshall W. **Strategies for two-sided markets.** Massachusetts: Harvard Business Review, 2006. Disponível em: https://edisciplinas.usp.br/plugin file.php/1704705/mod_resource/content/1/Eisenmann%20-%20Estrat%E2%8%9Agias%20para%20mercados %20multilaterais.pdf. Acesso em 30 de dezembro de 2020.

ENGLISCH, Joachim and BECKER, Johannes. **International Effective Minimum Taxation – The GLOBE Proposal**, 2019. Disponível em: https://ssrn.com/abstract=3370532 ou http://dx.doi.org/10.2139 /ssrn. 3370532. Acesso em 01 de janeiro de 2020.

EVANS, Peter C., GAWER, Annabelle. **The Emerging Platform Economy Series: The Rise of the Plataform Enterprise Global Survey**, 2016. Disponível em: https://www.thecge.net/app/uploads/2016/01/PDF-WEB-Platform-Survey_01_12.pdf. Acesso em 16 de outubro de 2020.

FARIA, Larissa. **Testamos os novos concorrentes do Uber.** São Paulo: Veja, 2016. Disponível em: https://vejasp.abril.com.br/cidades/concorrentes-do-uber-aplicativos-carro/. Acesso em 25 de junho de 2020.

FEBRAFITE. **Conheça 9 princípios norteadores para a Reforma Tributária. Notícias**: FEBRAFITE, 2018. Disponível em: https://www.febrafite.org.br/principios-norteadores-refor ma-tributaria/. Acesso em 04 de janeiro de 2020.

FENWICK, Mark. KAAL, Wulf A. VERMEULEN, Erik. **Regulation Tomorrow: What Happens When Technology Is Faster than the Law.** Washington D.C.: American University Business Law Review, 2017. Disponível em: https://bit.ly/31XZVSS. Acesso em 30 de dezembro de 2020.

FERNANDES, André Eduardo da Silva; WANDERLEI, Nélio Lacerda. **A questão da guerra fiscal: uma breve resenha.** Revista de Informação Legislativa, 2000. Disponível em: https://www2.senado.leg.br/bdsf/bitstream/handle/id/626/r148-01.pdf?sequence=4. Acesso em 08 de janeiro de 2020.

FERRAZ JÚNIOR, Tercio Sampaio. **Direito Constitucional: Liberdade de fumar, privacidade, estado, direitos humanos e outros temas**. São Paulo: Manole, 2007.

FOSSATI, Gustavo. **Ajustando a CBS ao modelo alemão e às recomendações da OCDE para economia digital.** CONJUR, 2020. Disponível em: https://www.conjur.com.br/2020-set-26/gustavo-fossati-base-ampla-eficiente-iva-brasil#_ftnref3. Acesso em 22 de fevereiro de 2021.

FOSSATI, Gustavo. **CPMF: tributo eficiente, mas amoral. Não é um tributo sobre movimentação financeira que resgatará a moral tributária do Estado.**

Jota, 2019. Disponível em: https://www.jota.info/opinião-e-analise/artigos/cpmf-tributo-eficiente-mas-amoral-05102019. Acesso em 22 de fevereiro de 2021.

FOSSATI, Gustavo; SALLES, Layla; MENESES, Isael. **Economia digital: regulação tributária do transporte por aplicativo: A ineficiência regulatória produz um cenário de incerteza e de insegurança jurídica.** Jota, 2020. Disponível em: https://www.jota.info/ opinião-e-analise/artigos/economia-digital-regulacao-tributaria-do-transporte-por-aplicativo-2 7042020. Acesso em 07 de janeiro de 2021.

FOSSATI, Gustavo S. **Limitações Constitucionais às Violações à Capacidade Contributiva.** Revista da Faculdade de Direito da Universidade de Minas Gerais, 2018, p. 329. Disponivel em: https://www.direito.ufmg.br/revista/ index.php/revista/article/view/1951/1843. Acesso em 22 de fevereiro de 2021.

GOUVÊIA, Marcus de Freitas. **A Extrafiscalidade no Direito Tributário.** Belo Horizonte: Del Rey, 2006.

GRAU, Eros Roberto. **A Ordem Econômica na Constituição de 1988.** 5ª Ed. São Paulo: Malheiros, 2000.

HARTMANS, Avery; LESKIN, Paige. **The history of how Uber went from the most feared startup in the world to its massive IPO.** Business Insider, 2019. Disponível em: https://www. businessinsider.com/ubers-history. Acesso em 30 de dezembro de 2020.

HOLMES, Stephan; SUNSTEIN, Cass R. **Why we should celebrate paying taxes.** Chicago: Chicago Tribune, 1999. Disponível em: < http://home.uchicago.edu/~csunstei/celebrate.html>. Acesso em 20 de junho de 2020.

INSTITUTO BRASILEIRO DE GEOGRAFIA E ESTATÍSTICA (IBGE). **Pesquisa Nacional por Amostra de Domicílios: desemprego.** Rio de Janeiro, 2020. Disponível em: https://www.ibge.gov.br/estatísticas/sociais/trabalho/ 9173-pesquisa-nacional-por-amostra-de-domicilios-continua-trimestral.html?=&t=series-historicas&utm_source=landing&utm_medium=explica&utm_ campaign=dessemprego. Acesso em 15 de abril de 2020.

JORDÃO, Eduardo F.; CUNHA, Luiz F. **Da AIR Prospectiva para a AIR retrospectiva.** Transformações do Direito Administrativo: Liberdades Econômicas e Regulação. Rio de Janeiro: FGV Direito Rio, 2019. Disponível em: http://bibliotecadigital.fgv.br/dspace/bitstrea m/handle/10438/28851/4%C2%AA%20Prova_Final.pdf?sequence=1&isAllowed=y. Acesso em 27 de fevereiro de 2021.

JUNQUEIRA, Murilo de O. **O nó da reforma tributária no Brasil.** Revista Brasileira de Ciências Sociais, 2015. Disponível em: https://www.scielo.br/pdf/rbcsoc/v30n89/0102-6909-rbcsoc-30-89-0093.pdf. Acesso em 01 de agosto de 2020.

KENNEY, Martin; ZYSMAN, John. **The rise of the plataform economy**. *In*: Issues in science and technology, 2016. Disponível em: https://www.nbp.pl/badania/seminaria/25x2016_2.pdf. Acesso em 13 de outubro de 2020.

KHUN, Thomas. **A estrutura das revoluções científicas**. São Paulo: Perspectiva, 2005.

KUNTZ, Rolf; DAVOS, Em. **Plano para taxar economia digital pode ser lançado este ano, diz secretário da OCDE**. Uol, 2020. Disponível em: https://economia.uol.com.br/not icias/estadao-conteudo/2020/01/24/tributar-economia-digital--e-nova-prioridade.htm?cmpid= copiaecola. Acesso em 18 de dezembro de 2020.

LOBEL, Orly. **The law of the platform.** Minnesota: Minnesota Law Review, 2016. Disponível em: https://bit.ly/2WsUms4. Acesso em 30 de dezembro de 2020.

LEAL, Fernando (Coord.). **Constitucionalismo de realidade: democracia, direitos e instituições.** Belo Horizonte: Fórum, 2019.

LUHMANN, Niklas. O Direito da Sociedade. São Paulo: Martins Fontes. 2016.

MACHADO, Hugo de Britto. **Curso de Direito Tributário.** São Paulo: Malheiros, 2003.

MAJONE, Giandomenico. Do Estado positivo ao Estado regulador. *In:* MATTOS, Paulo Todescan (Coord.). **Regulação Econômica e Democracia: o debate europeu.** São Paulo: RT, 2017.

MENGARDO, Barbara; ALVES, Raquel. **2020 não foi o ano da reforma tributária, e parlamentares apostam em 2021: Atropelada pela pandemia, reforma tributária segue como pauta prioritária no Congresso**. Jota, 2020. Disponível em: https://www.jota.info/ legislativo/2020-nao-foi-o-ano-da-reforma-tributaria-e--parlamentares-apostam-em-2021-050 12021. Acesso em 13 de janeiro de 2021.

MINISTÉRIO DAS RELAÇÕES EXTERIORES. **O Brasil e a OCDE.** Disponível em: http://www.itamaraty.gov.br/pt-BR/politica-externa/diplomacia-economica--comercial-e-finan ceira/15584-o-brasil-e-a-ocde. Acesso em 02 de agosto de 2020.

MITNICK, Barry. **Deregulation as a Process of Organizational Reduction**. Public Administration Review, 1978. Disponível em: https://www.jstor.org/stable/975818. Acesso em 17 de janeiro de 2021.

MIRRLEES, James A. **An Exploration in the Theory of Optimal Income Taxation**. Oxford: Oxford University Press, 1971. Disponível em: https://www.jstor.org/stable/2296779?seq=1 #metadata _info_ tab_ contents. Acesso em: 20 de junho de 2020.

MIRLEES, James. **Dimensions of Tax Design**. The Mirrlees Review. London: The Institute for Fiscal Studies, 2011. Disponível em: https://www.researchgate.net/publication /50876719 Dimensions_of_Tax_Design_The_ Mirrlees_Review. Acesso em 24 de dezembro de 2020.

MONCADA, Luís S. C. **Direito Económico.** 3ª Ed. Coimbra: Coimbra, 2000.

MOORE, Gordon. E. **Cramming more components onto integrated circuits.** Electronics, v.38, n.8, 1965. Disponível em: https://newsroom.intel.com/wp--content/uploads/sites /11/2018/05/moores-law –electronics.pdf. Acesso em 14 de outubro de 2020.

MOREIRA, André M.; MACHADO, Sophia G. R. **Conceito de tributo e sua divisão em espécies.** Revista Fórum de Direito Tributário, 2015. Disponível em: https://sachacalmon.com. Br/wp-content/uploads/2016/07/2015-Conceito-de-tributo--e-sua-divisao-em-especi es-RFDT-761.pdf. Acesso em 15 de janeiro de 2021.

MOREIRA, Clara G. **Faces Complementares do Estado Fiscal: da equidade à eficiência da tributação.** EALR, V. 4, no 2, 2013. Disponível em: https://bdtd.ucb.br/index.php/EALR/arti cle/download/ 4%20EALR%20391/4 %20EALR%20 418. Acesso em 18 de janeiro de 2021.

MOREIRA, Vital M. **Economia e Constituição**: para o conceito de Constituição econômica. Coimbra: Faculdade de Direito, 1974.

MORNEAU, William F. **Explanatory notes relating to the excise tax act.** Canada: Government of Canada, 2019. Disponível em: https://fin.canada.ca/drleg--apl/2019/gst-hst-tps-tvh-n-eng.html. Acesso em 25 de julho de 2020.

MYLES, Gareth. D. **Public economics.** Cambridge: Cambridge University Press; 2001.

NABAIS, José C. **O dever fundamental de pagar impostos: contributo para a compreensão constitucional do Estado fiscal contemporâneo**. Coimbra: Almedina, 2004. Pg. 191.

NETO, Celso B. C.; AFONSO, José R. R.; FUCK, Luciano F. N. **A Tributação na Era Digital e os Desafios do Sistema Tributário no Brasil.** Revista Brasileira de Direito, 2019. Disponível em: https://seer.imed.edu.br/index.php/revistadedireito/article/view/3356/2344. Acesso em 15 de outubro de 2020.

NETO, Celso B. C.; NUNES, Fabiano S.; ARAUJO, José E. C.; SOARES, Murilo R. C. **Reforma Tributária: Comparativo da PEC 45/2019 (Câmara) e da PEC 110/2019.** Fique por dentro, 2019. Disponível em: https://www2.camara.leg.br/atividade-legislativa/estudos-e-notas-tecnicas/publicacoes-da-consultoria--legislativa/fiquePorDentro/temas/sistematributario-nacional-jun-2019/reforma-tributaria-comparativo-das-pecs-em-tramitacao-2019. Acesso em 16 de janeiro de 2021.

ORGANIZAÇÃO PARA A COOPERAÇÃO E DESENVOLVIMENTO ECONÔMICO (OCDE). **Addressing the Tax Challenges of the Digital Economy, Action 1 – 2015 Final Report.** França: OECD, 2015. Disponível em: https://www.oecd.org /tax/ beps/beps-actions/ action1/. Acesso em: 19 de fevereiro de 2020.

ORGANIZAÇÃO PARA A COOPERAÇÃO E DESENVOLVIMENTO ECONÔMICO (OCDE). **Background Brief. Inclusive Framework on BEPS.**

OCDE, 2017. Disponível em: http://www.oecd.org/tax/beps/background-brief--inclusive-framework-for-beps –implementatio n.pdf. Acesso em: 2 de janeiro de 2020.

ORGANIZAÇÃO PARA A COOPERAÇÃO E DESENVOLVIMENTO ECONÔMICO (OCDE). **Hearings: The Digital Economy 2012**. França: OCDE, 2019. Disponível em: http://www.oecd.org /daf/competition/The-Digital-Economy-2012.pdf. Acesso em: 19 de fevereiro de 2020.

ORGANIZAÇÃO PARA A COOPERAÇÃO E DESENVOLVIMENTO ECONÔMICO (OCDE). **Ministerial Conference "A Borderless World: Realising The Potential of Global Electronic Commerce" Ottawa. Conference Conclusions.** Canadá: OCDE. 1998. Disponível em: http://www.oecd.org/officialdocuments/publicdisplaydocumentpdf/?doclanguage=en&cote=s g/ec(98)14/final. Acesso em 02 de dezembro de 2020.

ORGANIZAÇÃO PARA A COOPERAÇÃO E DESENVOLVIMENTO ECONÔMICO (OCDE). **Report for the G20 Digital Economy Task Force: A roadmap toward a common framework for measuring the Digital Economy**. Arábia Saudita: OCDE, 2020. Disponível em: http://www.oecd.org/sti/roadmap--toward-a-common-framework-for-measuring-the-digita l-economy.pdf. Acesso em: 13 de outubro de 2020.

ORGANIZAÇÃO PARA A COOPERAÇÃO E DESENVOLVIMENTO ECONÔMICO (OCDE). **Tax and Digitalization**, OECD Going Digital Policy Note. Paris: OECD, 2019. Disponível em: «https://bit.ly/2u7Wo8a». Acesso em: 19 de fevereiro de 2020.

ORGANIZAÇÃO PARA A COOPERAÇÃO E DESENVOLVIMENTO ECONÔMICO (OCDE). **Tax challenges raised by digitalisation.** Relatório. Paris: OECD, 2015. Disponível em: https://www.oecd.org /tax/beps/beps--actions/action1/. Acesso em: 19 de fevereiro de 2020.

OLBERT, Marcel; SPENGEL, Christoph. **International taxation in the digital economy: challenge accepted.** Amsterdam: World tax journal, 2017. Disponível em: https://www.ibfd.org/sites/ibfd.org/files/content/img/product/april_ppv_wtj_2017_01_int_4_i nternational_taxation.pdf. Acesso em 20 de junho de 2020.

PAYAO, Jordana; ROSSIGNOL, Marisa. **Desafios da Regulação Tributária em Tempos de Tecnologias Disruptivas.** Novos Estudos Jurídicos, 2019. Disponível em: https://siaiap32.uni vali.br/seer/index.php/nej/ article /view/14962/8543. Acesso em 05 de agosto de 2020.

PEREIRA, Carlos A.; OLIVEIRA, Fabio R. O.; GALLO, Mauro F. **Tributação ótima – Isso existe?** Disponível em: http://artigoscheckpoint.thomson reuters.com.br/a/5wwz/tributacao-oti ma-isso-existe-fabio-rodrigues-de-oliveira-carlos--alberto-pereira-mauro-fernando-gallo. Acesso em 14 de dezembro de 2020.

PESSOA, Maria A. P. P. **Estado Fiscal e Tributário: Perspectivas educativas.** Dissertação (Mestrado em Política Pública e Sociedade). Universidade Estadual do Ceará, 2008. Disponível em: http://www.uece.br/politicasuece/dmdocuments/maria_auxiliadoraparente_paula_pessoa %5B1%5D.pdf. Acesso em 17 de janeiro de 2021.

PIKETTY, Thomas. **Capital and ideology**. Cambridge, Mass.: The Belknap Press of Harvard University Press, 2020.

PILLEKAMP, Virginia; FIGLIOULO, Fernanda S. F.; BEHRNDT, Marco. **Reforma Tributária: falta de autonomia e violação ao pacto federativo?** Conjur, 2019. Disponível em: https://www. conjur.com.br/2019-out-23/opiniao-violacao--pacto-federativo-reforma-tributaria. Acesso em 12 de janeiro de 2021.

POSNER, Richard. A. **Theories of Economic Regulation.** The Bell Journal of Economics and Management Science, 1974. Disponível em: https://www--jstor-org.sbproxy.fgv.br/stable /pdf/ 3003113.pdf?refreqid =Excelsior %3A3bc9ab643747e4a47065db2b31439f63. Acesso em 31 de dezembro de 2020.

RAY, R. **Issues in the design and reform of commodity taxes: analytical results and empirical evidence.** Journal of Economic Surveys, v. 11, n. 4, p. 354, 1997. Disponível em: https://onlinelibrary.wiley.com/doi/abs/10.1111/1467-6419.00039. Acesso em 19 de janeiro de 2021.

RAMSEY, Frank. **A Contribution to the theory of taxation**. Oxford: Oxford University Press, 1927. Disponível em: https://www.jstor.org/journal/economicj?refreqid=excelsior%3 A3555 bce38560b8389be81c8 77cc03ec1. Acesso em 20 de junho de 2020.

RANCHORDÁS, Sofia, **Does sharing mean caring: Regulating innovation in the sharing economy**. Minnesota: The Minnesota Journal of Law, Science & Technology, 2015. Disponível em: https://scholarship.law.umn.edu/cgi/viewcontent.cgi?article=1356&context=mjlst. Acesso em: 24 de junho de 2020.

RASKIN, Max. The Law and Legality of Smart Contracts. Georgetown Law Technology Review, 2016, p. 306. Disponível em: https://ssrn.com/abstract =2959166. Acesso em 20 de fevereiro de 2021.

RAUSCH, Aluizio P. **O Brasil, a OCDE e a incoerência na tributação do consumo:** A manutenção dos métodos brasileiros em relação ao ICMS e o ISS traz prejuízos concretos. Jota, 2019. Disponível em: https://www.jota.info/opiniao-e-analise/artigos/o-brasil-a-ocde-e-a-inco erencia-na--tributacao-doconsumo06092019#:~:text=O%20Brasil%20pretende%20 se%20torn ar,Econ%C3%B4mico%20(%E2%80%9COCDE%E2%8%9D).& text=%C3%89%20inquestion%C3%A1vel%20que%20todas%20essas,e%20 para%20o%20seu%20povo. Acesso em 30 de dezembro de 2020.

RENAULT, Felipe K. **Reforma tributária e economia digital: nunca o ótimo se tornou tão inimigo do bom.** JOTA, 2020. Disponível em: https://www.jota.info/ opiniao-e-analise/ colunas/coluna-da-abdf/economia-digital-reforma-tributaria--otimo-se-tornou-inimigo-do-bom –09112020. Acesso em 02 de janeiro de 2020.

RIBEIRO, Leonardo C. A instrumentalidade do Direito administrativo e a regulação de novas tecnologias disruptivas. In: **Regulação e Novas Tecnologias**. Coord. FREITAS, Rafael V.; RIBEIRO, Leonardo C.; FEIGELSON, Bruno. Belo Horizonte: Fórum, 2017.

ROTHBARD, Murray N. **The Myth of Neutral Taxation.** Cheltenham: Edward Elgar, 1997. Disponivel em: https://cdn.mises.org/The%20Myth%20of%20 Neutral%20Taxa tion_2.pdf. Acesso em 01 de janeiro de 2021.

ROSA, Íris V. S. **Preço público.** Enciclopédia jurídica da PUC-SP. Celso Fernandes Campilongo, Alvaro de Azevedo Gonzaga e André Luiz Freire (coords.). Tomo: Direito Tributário. Paulo de Barros Carvalho, Maria Leonor Leite Vieira, Robson Maia Lins (coord. de tomo). 1. ed. São Paulo: Pontifícia Universidade Católica de São Paulo, 2017. Disponível em: https://enciclopediajuridica.pucsp.br/verbete/311/edicao-1/preco-publico. Acesso em 04 de agosto de 2020.

SALINAS, Natasha. **Avaliação Legislativa no Brasil: apontamentos para uma nova agenda de pesquisa sobre o modo de produção das leis. Revista Brasileira de Políticas Públicas**. Brasília: UNICEUB, 2013. Disponível em: https://www.publicacoesacademicas.uniceub.br/ RBPP/article/view/2219. Acesso em 30 de dezembro de 2020

SANDMO, Agnar. Pigouvian Taxes. In: **Palgrave Macmillan**. The New Palgrave Dictionary of Economics. Palgrave Macmillan, 2008. Disponivel em: https://doi.org/10.1057/978-1-349-95121-5_2678-1. Acesso em: 01 de janeiro de 2020.

SANTOS, Flavio M. **Liberalismo e Estado Fiscal**. R. EMERJ, Rio de Janeiro, 2014. Disponível em: https://www.emerj.tjrj.jus.br/revistaemerj_online/edicoes/ revista66/revista66 _138.pdf. Acesso em 20 de junho de 2020.

SCAFF, Fernando F. Efeitos da Coisa Julgada em Matéria Tributária e Livre Concorrência. In: ROCHA, Valdir de Oliveira (Coord.). **Grandes Questões Atuais do Direito Tributário**: 9º volume. São Paulo: Dialética, 2005.

SCHOUERI, Luís Eduardo. **Normas Tributárias Indutoras e Intervenção Econômica**. Rio de Janeiro: Forense, 2005.

SCHOUERI, Luis Eduardo. **Direito tributário.** São Paulo: Editora Saraiva, 2019.

SCHUMPETER, Joseph. **Capitalismo, socialismo e democracia**. Rio de Janeiro: Fundo de Cultura, 1961.

SCHWAB, Klaus. **The Fourth industrial revolution.** Nova Iorque: Crown Business, 2017.

SELZNICK, Philip. **Focusing organizational research on regulation.** Berkeley: University of California Press, 1985.

SEUDINHEIRO. **Bolsonaro edita 'revisaço' de regulações que pode economizar até R$ 200 bilhões**. Menos Burocracia, 2019. Disponivel em: https://www.seudinheiro.com/2019/ ministerio-da-economia/bolsonaro-edita-revisaco--de-regulacoes-que-pode-economizar-ate-r-200-bilhoes/. Acesso em 04 de fevereiro de 2021.

SEVEGNANI, Joacir. **O modelo regressivo de tributação no Brasil.** Revista Jus Navigandi, 2011. Disponível em: https://jus.com.br/artigos/20574. Acesso em: 19 de dezembro de 2020.

SILVA, José Afonso da. **Curso de Direito Constitucional positivo**. São Paulo: Malheiros, 2002.

SIQUEIRA, Rozane B.; NOGUEIRA, José R.; BARBOSA, Ana L. N. H. **Teoria da Tributação Ótima.** In: ARVATE, Paulo; BIDERMAN, Ciro. (Org.). Economia do Setor Público no Brasil. Rio De Janeiro: Elsevier, 2004.

SMITH, Adam; CAMPBELL, Roy H.; SKINNER, Andrew S. **An Inquiry into the nature and causes of the wealth of nations**: 2o Volume. Liberty Fund Inc., 1984.

STERN, Nicholas; BURGESS, Robin. **Taxation and Development.** Journal of Economic Literature, 1993. Disponivel em: http://www.jstor.org/stable/2728515. Acesso em 15 de janeiro de 2021.

STIGLITZ, Joseph E. **Economics of the public sector.** New York: Norton & Company, 2000. Disponível em: http://www.library.fa.ru/files/Stiglitz-economics.pdf. Acesso em 15 de janeiro de 2021.

STIGLITZ, Joseph E. **In Praise of Frank Ramsey's Contribution to the Theory of Taxation**. The Economic Journal, 2015, pp. 235–268. Disponível em: https://doi.org/10.1111/ecoj.12187. Acesso em 24 de janeiro 2021.

STIGLITZ, Joseph E.; ATKINSON, Anthony B. **The design of tax structure: direct versus indirect taxation**. Journal of Public Economics, 1976. Disponível em: https://www.science direct.com/science /article/abs/pii/0047272776900414. Acesso em 01 de janeiro de 2021.

STOBE, LUCIANE A. F. **Estado Fiscal e Cidadania Solidária: A Vinculação da Receita Tributária Às Esferas Locais de Poder.** Tese (doutorado). Centro de Ciências Jurídica. Programa de Pós-Graduação em Direito. Universidade Federal de Santa Catarina, 2016.

TIPKE, Klaus. **Princípio da Igualdade e a Ideia de Sistema no Direito Tributário.** In: BRANDÃO MACHADO (coord.). Estudos em Homenagem ao Prof. Ruy Barbosa Nogueira. São Paulo: Saraiva, 1984.

TIPKE, Klaus; YAMASHITA, Douglas. **Justiça fiscal e princípio da capacidade contributiva**. São Paulo: Malheiros, 2002.

TORRES, Heleno T. **Direito Constitucional Tributário e segurança jurídica: metódica da segurança jurídica do sistema constitucional tributário**. São Paulo: Revista dos Tribunais, 2011.

TORRES, Ricardo L. **O Poder de Tributar no Estado Democrático de Direito**. In: TÔRRES, Heleno Taveira (Coord.). Direito e Poder. Estudos em homenagem a Nelson Saldanha. São Paulo: Manole, 2005.

TORRES, Ricardo L. **Tratado de Direito Constitucional Financeiro e Tributário.** Volume III. Rio de Janeiro: Editora Renovar, 1999.

TVERSKY, Amos; KAHNEMAN, Daniel. **The framing of Decisions and the psychology of choice.** Washington: Science Magazine, 1981. Disponível em: <http://www.sciencemag.org>. Acesso em 27 de maio 2020.

UBER. **A história da Uber.** Uber News Room, 2020. Disponível em: https://www.uber.com/ pt-BR/newsroom/hist%C3%B3ria/. Acesso em 25 de junho de 2020.

UNITED NATIONS. **The Impact of Technology on Human Rights: Global Case-studies.** United Nations University Press, 1993. Disponível em: https://archive.unu.edu/unupress/unup books/uu08ie/uu08 ie04.htm. Acesso em 14 de janeiro de 2021.

URIBE, Gustavo; CHAIB, Julia. **Bolsonaro autoriza Guedes a testar 'nova CPMF' no Congresso**. Folha de São Paulo, 2020. Disponível em: https://www1.folha.uol.com.br/merca do/2020/07/mesmo-com-resistencia-do-congresso-bolsonaro-autoriza-guedes-a-testar-nova-cpmf.shtml. Acesso em: 01 de agosto de 2020.

VALENTE, Fernanda. **Turma do TST nega vínculo de emprego entre Uber e motoristas.** Conjur, 2020. Disponível em: https://www.conjur.com.br/2020-fev-05/turma-tst-nega-vinculo-emprego-entre-uber-motorista. Acesso em: 15 de março de 2020.

VARSANO, Ricardo. **A tributação do valor adicionado, o ICMS e as reformas necessárias para conformá-lo às melhores práticas internacionais.** Banco Interamericano de Desenvolvimento (BID), 2014. Disponível em: https://publications.iadb.org/publications /portu guese/document/Atributa%C3%A7%C3%A3o-do-valor-adicion ado-o-ICMS-e-as-reformas-necess%C3%A1rias-para-conform%C3%A1-lo-%C3%A0s-melhores-pr%C3%A1ticas-intern acionais.pdf. Acesso em 02 de janeiro de 2020.

WARBURG, Jennifer. **Forecasting San Francisco's Economic Fortunes.** São Francisco: SPUR. 2014. Disponível em: https://www.spur.org/news/2014-02-27/forecasting-san-francisc o-s-economic-fortunes. Acesso em 14 de outubro de 2020.

WEBSTER, Frank. **Theories of the information society**. London: Routledge, 2003.

ZACKS. **Who are Uber's biggest competitors?** Nasdaq, 2017. Disponível em: https://www.nasdaq.com/ articles/who-are-ubers-biggest-competitors-2017-10-17. Acesso em 25 de junho de 2020.